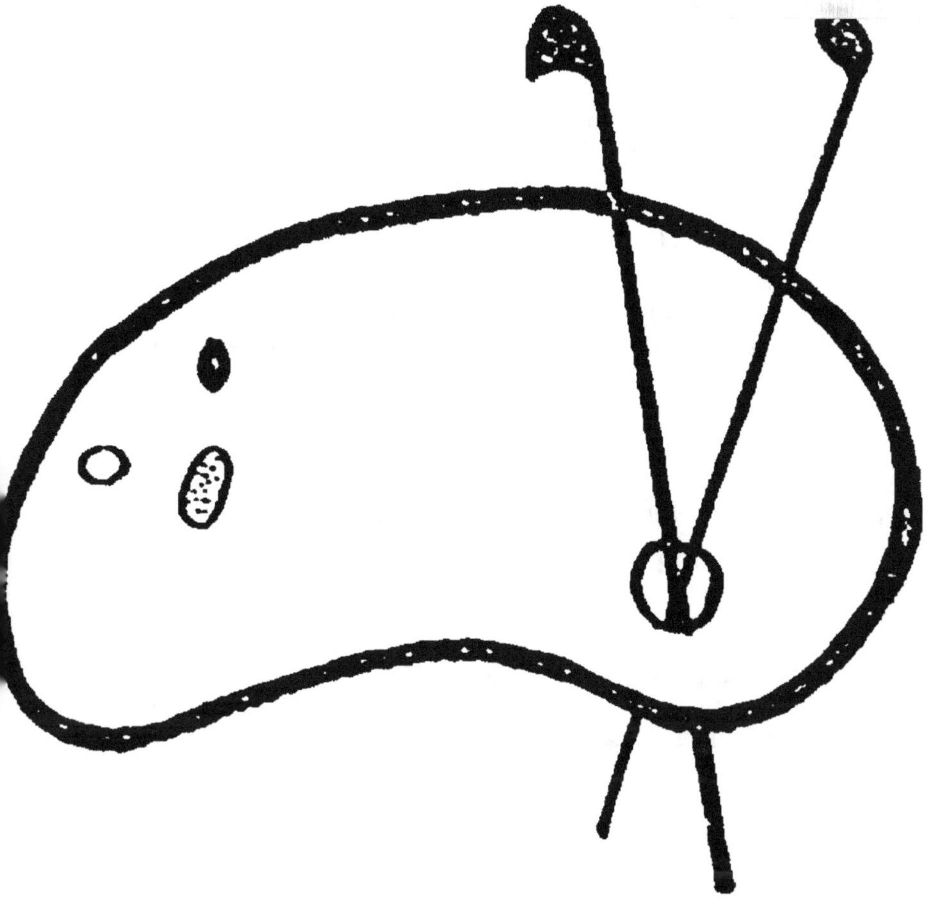

COUVERTURE SUPERIEURE ET INFERIEURE
EN COULEUR

LE SAHARA

ET LA CAUSE

DES VARIATIONS QUE SUBIT SON CLIMAT

DEPUIS LES TEMPS HISTORIQUES

(Gulf-streams, Courants polaires, Courants équatoriaux)

PAR

Alfred GUY

INGÉNIEUR DES ARTS ET MANUFACTURES

ORAN

IMPRIMERIE D. HEINTZ

9, Boulevard Malakoff, 9.

1890

LE SAHARA

ET LA CAUSE

DES VARIATIONS QUE SUBIT SON CLIMAT

DEPUIS LES TEMPS HISTORIQUES

LE SAHARA

ET LA CAUSE

DES VARIATIONS QUE SUBIT SON CLIMAT

DEPUIS LES TEMPS HISTORIQUES

(Gulf-streams, Courants polaires, Courants équatoriaux)

PAR

Alfred GUY

INGÉNIEUR DES ARTS ET MANUFACTURES

ORAN

IMPRIMERIE D. HEINTZ

9, Boulevard Malakoff, 9.

1890

I

Les limites naturelles du Sahara sont : à l'ouest, l'Océan Atlantique ; au sud, une ligne suivant sensiblement le 13ᵐᵉ parallèle nord ; à l'est, la mer Rouge et le canal de Suez ; au nord, la Méditerranée jusqu'au golfe de Gabès et l'Atlas du golfe de Gabès à l'embouchure de l'Oued Draa. C'est une superficie égale à celle de l'Europe et à vingt fois celle de la France. La chaîne de l'Atlas, qui court de l'est à l'ouest en s'inclinant vers le sud comme une immense muraille dont la hauteur varie de 1200 mètres en Tunisie à près de 4000 mètres au Maroc, servant de rebord à la dernière des terrasses de l'ancienne Mauritanie, donne, avec les océans, des limites bien déterminées au Sahara, mais partout ailleurs les limites que nous venons de tracer pour fixer le lecteur n'ont rien de précis : ce sont des *frontières climatériques*. On ne trace pas de barrières à la marche des courants aériens. Or, comme nous le verrons, le Sahara n'est que le lit d'un courant polaire qui a déjà jalonné son passage à travers l'Asie par une longue suite de déserts, et qui, en raison de son extrême sécheresse, anéantit toute végétation par son passage prolongé et réduit en miettes les roches les plus dures pour former des dunes de sables. Ce gulf-stream aérien, large de 19° en latitude, se déplace vers le nord pendant l'été et vers le sud pendant l'hiver, d'après la marche du soleil sur l'écliptique. L'amplitude de ce mouvement oscillatoire annuel est d'environ 8° de part et d'autre, de sorte que le Sahara constitue le lit mineur, et les zônes bordières, qui s'étendent jusqu'au 5ème parallèle d'une part et au 40ème de l'autre, le lit majeur de ce fleuve aérien ; ces zônes bordières participent donc par *dégradation insensible* au climat saharien.

Sans l'inflexion vers le sud des monts Atlas qui accentuent ces frontières climatériques, la limite nord du Sahara serait sensiblement dirigée suivant le 32ème parallèle.

On croyait autrefois que le Sahara était le fond d'une ancienne mer desséchée, mais il n'en est rien (1) ; on rencontre dans le désert les mêmes terrains que partout ailleurs : granits, grès, schistes, craies ; les dunes de sable n'occupent que le dixième de la superficie totale. La moitié environ est occupée par d'immenses steppes caillouteuses appelées *hamada*, dont la surface est recouverte d'une carapace extrêmement dure, et qui sont le produit de la *concrétion* des dunes, comme nous le verrons. Ces *hamada* se rencontrent aussi dans les zônes bordières, mais elles y sont recouvertes de terreau et d'une végétation d'autant plus abondante qu'on s'éloigne davantage du désert ; dans le Sahara proprement dit, la carapace des *hamada* est absolument nue ; par sa dureté, elle fatigue singulièrement les pieds des chevaux.

Ce qui caractérise le Sahara, c'est l'absence de végétation ainsi que de cours d'eau permanents ; on n'y rencontre que des *oued* ou *ouadi*, c'est-à-dire des lits de rivières desséchées ; quand par hasard il tombe un peu

(1) Les beaux travaux de MM. Pomel et Pouyanne ne laissent aucun doute à cet égard.

de pluie, l'eau qui ne réussit pas à s'infiltrer dans le sol pour aller grossir les rivières souterraines est immédiatement bue de nouveau par cette atmosphère desséchante.

Aucun cours d'eau ne peut couler à la surface, l'eau se réfugie dans les profondeurs ; au dessous de chaque lit desséché existe généralement une nappe souterraine dont le lit est jalonné par une série d'oasis ; quelquefois ces nappes souterraines s'étalent dans des cavités lacustres et donnent naissance à des groupes d'oasis qui alors recouvrent une grande superficie, comme dans le Gourara et le Touat.

Le palmier, unique plante cultivée dans les oasis, plonge ses racines dans les sables humides et étale sa haute ramure au soleil, *les pieds à l'eau, la tête au feu*.

Le Nil, sur une grande partie de son cours, le Niger, à son grand coude vers Tombouctou, le Sénégal, à son embouchure, pénètrent dans le désert. Mais ces fleuves, qui prennent naissance dans les régions équatoriales où les pluies sont abondantes, roulent un volume d'eau si considérable, qu'ils ne peuvent être desséchés. Sur les cartes, le Nil a l'aspect d'un arbre gigantesque, au tronc sinueux, qui n'offre que des branches mortes jusqu'à une grande distance de sa racine. Pendant l'estivage, le débit du Sénégal est considérablement réduit. Cette contrée se trouve en effet aux confins du désert, dans une situation analogue à celle de l'Algérie ; mais pendant l'hivernage les pluies y sont plus abondantes, à cause du voisinage de l'équateur. En Algérie, c'est à peine si pendant l'été les cours d'eau les plus importants, comme le Chélif, arrivent jusqu'à la mer.

En raison de l'absence de vapeur d'eau dans le courant polaire, les écarts de température sont considérables dans le désert entre le jour et la nuit. Il n'est pas rare de voir le thermomètre descendre pendant la nuit au-dessous du point de glace et marquer à midi 40° au-dessus de 0°.

Tyndall a dit avec raison que la suppression pendant une seule nuit d'été de la vapeur d'eau contenue dans l'atmosphère qui couvre l'Angleterre, amènerait la destruction de toutes les plantes que la gelée fait périr.

Cet état de l'atmosphère est bien mis en relief par les phénomènes de mirage que l'on remarque fréquemment dans le Sahara. Pendant le jour, les rayons solaires traversent les couches d'air dépourvues de vapeur d'eau sans les échauffer, de même qu'ils traversent sans l'échauffer une lentille de glace pour enflammer de la poudre placée à son foyer. Le sol qui reçoit directement les rayons solaires s'échauffe outre mesure et communique, par contact, sa température aux couches d'air voisines, qui sont d'autant plus chaudes, et par suite moins denses, qu'elles sont plus près du sol. D'après la loi de la pesanteur, cet air chaud devrait s'élever dans l'atmosphère, mais un équilibre instable se maintient, surtout lorsque le temps est calme. Alors les rayons lumineux qui traversent successivement ces couches d'inégales densités se brisent en s'éloignant de la normale aux plans d'incidence et décrivent une *courbe concave* pour arriver à l'œil de l'observateur. Ce dernier, qui perçoit l'image des objets sur le prolongement des rayons lumineux réfractés, et qui d'autre part voit directement les objets, éprouve l'illusion d'une nappe d'eau dans laquelle se mirent les objets placés sur les bords, illusion d'autant plus complète que dans le désert l'air a toujours une teinte grise analogue à celle de l'eau.

Pendant la nuit le sol s'est refroidi par rayonnement

vers les espaces célestes, de sorte que le matin les couches d'air qui reposent directement sur le sol sont les plus froides et les plus denses ; alors se produit un phénomène de mirage inverse du précédent. Les rayons lumineux, pour arriver à l'œil de l'observateur, décrivent une *courbe convexe*, de sorte qu'on peut apercevoir des objets qui resteraient invisibles si les rayons lumineux suivaient la ligne droite ; le champ de l'horizon visible se trouve ainsi agrandi, les objets paraissent plus grands et même on aperçoit quelquefois au-dessus des objets leur image renversée, phénomène d'autant plus curieux que souvent on ne voit pas les objets eux-mêmes, qui ne peuvent faire parvenir de rayons directs à l'œil de l'observateur. Ce genre particulier de mirage, peu connu, s'observe journellement. Il est rare que dans nos tournées dans le Sud Oranais nous ne soyons témoin de quelques cas curieux. Les Arabes revêtus de leur burnous blanc s'aperçoivent souvent de très loin et ressemblent à des fantômes gigantesques.

En raison de ces extrêmes de température, de la sécheresse de l'air, de l'intensité de la lumière d'un soleil presque vertical, de l'absence de végétation protectrice, les roches se délitent avec une rapidité dont nous n'avons pas idée dans nos climats tempérés. Les roches les plus dures sont triturées, menuisées par les forces aveugles de la nature. Dans nos contrées, c'est l'eau qui est chargée d'emporter les débris arrachés aux rives des fleuves en même temps que ceux provenant de l'action des éléments, pour les conduire finalement dans les mers, d'où les courants les entraînent et les dispersent par ordre de grosseur, pour former au fond des océans des terrains qui apparaissent au jour lors des changements périodiques de niveau de la mer. Ici c'est au vent qu'est dévolue cette mission : granits, grès, schistes, calcaires, sous l'action des éléments réunis, tombent en poussières que le vent disperse pour former des dunes.

Le vent opère un triage analogue à celui des eaux ; les fragments les plus ténus de ces alluvions aériennes sont emportés au loin, les plus grossiers restent sur place.

Les dunes du Sahara ressemblent en tous points à celles de notre littoral de Gascogne, qui ont été si bien étudiées et décrites par Brémontier, au siècle dernier.

Dans les steppes elles se disposent perpendiculairement à la direction des vents régnants, semblables aux vagues d'une mer houleuse. Les indigènes nomment *lèdes* les vallons qui s'allignent entre ces vagues de sable. C'est dans les lèdes que les caravanes ont le plus de chance de rencontrer un peu d'eau, et quelques maigres plantes pour la nourriture de leurs chameaux.

Un arbre, un rocher isolé, un obstacle quelconque à la marche du vent, en produisant un remous, amène immédiatement la formation d'une dune. C'est ainsi que les sables se sont amoncelés en face de quelques-unes des pyramides d'Égypte, ce qui a fait dire à certain égyptologue qu'elles avaient été construites dans le but d'arrêter la marche des sables. Il n'est pas possible de se méprendre plus étrangement en confondant l'effet avec la cause.

Les sables se portent de préférence dans les cols et les vallées étroites dont ils occupent toute la longueur. Dans les vallées d'une certaine largeur, les vagues de sable prennent presque toujours une direction transversale ; elles se relèvent sur le pourtour, principalement dans la direction des vents régnants.

Mais c'est surtout lorsque les dunes s'appuient sur des

affleurements de rochers, comme ceux que l'on rencontre dans les montagnes bordières du Sahara Oranais, courant sur de grandes longueurs, qu'elles prennent des proportions considérables. Il arrive un moment où la roche sous-jacente disparaît complètement sous les sables, et on attribue encore à ces montagnes mouvantes une puissance plus grande que celle qu'elles ont réellement.

Aux confins du désert, dans le Sud Oranais, les dunes ont une hauteur moyenne de 3 à 4 mètres, qui peut être dépassée de beaucoup dans certaines directions parcourues de préférence par le vent, vis-à-vis les coupures des montagnes, par exemple. Comme nous le verrons plus loin, ces dunes ne datent que de quelques siècles. Les collines de sable sont d'autant plus anciennes et plus hautes qu'on s'approche davantage de l'axe du Sahara. On en rencontre qui ont jusqu'à 150 mètres de hauteur.

Pendant les tempêtes, surtout les *tornades*, les dunes semblent se déplacer, tant le vent soulève le sable en tourbillons ; mais, une fois le calme rétabli, on constate que le profil n'a pas changé, du moins sensiblement. Les récits des anciens explorateurs renferment beaucoup d'exagérations à ce sujet.

A en juger par les quantités de sable qui tournoient dans les environs de la gare d'Aïn-Sefra par les vents d'ouest, on s'attendrait à la trouver le lendemain ensevelie par dessous ces alluvions aériennes ; c'est à peine s'il devient nécessaire de balayer le sable qui recouvre les rails.

Le futur chemin de fer transsaharien sera certainement amené à couper des dunes importantes sur certaines parties de son parcours ; il n'en résultera aucune difficulté. Il sera seulement nécessaire d'employer sur ces points, rares d'ailleurs, des moyens analogues à ceux dont se servent les ingénieurs suédois pour protéger les railways contre l'amoncellement des neiges.

Nous avons dit que les hamada sont le produit de la *concrétion* des dunes ; en effet, comme nous le verrons plus loin, le Sahara passe tour à tour et insensiblement par des périodes de sécheresse et d'humidité dues à un déplacement séculaire du courant saharien. Pendant le passage de la période sèche à la période humide, l'accroissement des dunes va en diminuant, puis finit par cesser tout à fait. Dès que les pluies commencent à tomber, la crête des dunes s'arrondit, les fèdes se comblent. Le vent, qui n'agit plus que par intervalles, vient en aide à ce travail de nivellement ; ne pouvant plus transporter au loin le sable humide, il le dépose dans les parties basses. Sous l'action de l'air et de l'eau, une première couche de concrétions se forme, dans les fèdes principalement, bientôt recouverte par de nouveaux apports de sable qui se concrétionnent à leur tour. Les plantes qui croissent sur les dunes, dès qu'elles présentent un peu de fixité, facilitent singulièrement ce travail en retenant les sables.

La carapace qui se forme sur les dunes présente donc une série de croûtes parallèles, dont la dureté et l'épaisseur vont en augmentant : dès qu'elle s'étend partout, la surface du terrain acquiert sa forme définitive.

Les seuls agents chimiques qui interviennent dans cette minéralisation des sables, sont l'air et l'eau.

Par toutes les fissures de la roche où ils réussissent à s'introduire, ils font sentir leur action. Dans les fentes étroites se forment des plaquettes d'une grande dureté ; dans les trous laissés par les racines des plantes, on rencontre des tubes ou gaînes d'apparence cristalline, dont la nature dépend de la composition des sables minéralisés ; nous ne serions nullement surpris de trouver des cristaux de quartz dans les sables quartzeux. Ces tubes ressemblent à s'y méprendre à des fulgurites. Si la roche ainsi formée vient à se désagréger à son tour, ces tubes, très difficilement altérables, jonchent le sol, et l'on a peine à s'expliquer leur provenance.

Dans les cavités, ce sont des nodules qui se forment par la minéralisation des sables. Le frottement des grains quartzeux mis en action par le vent leur fait prendre un beau poli en même temps qu'il arrondit les angles et leur donne la forme sphérique. On rencontre en Egypte des pierres rondes que l'on a songé autrefois à utiliser comme boulets de canon, et dont la concrétion a eu lieu de l'extérieur à l'intérieur, car au centre on trouve souvent du sable encore pur.

Les arbres sont quelquefois pétrifiés par les sables; c'est encore en Egypte que l'on rencontre des forêts entières dont les troncs sont transformés en fûts de silice et de calcédoine.

Le nivellement des dunes, le *répandage* des sables par la pluie et le vent, n'est presque jamais complet. Les hamada ne sont horizontales qu'en apparence : avec un peu d'attention, on y reconnaît un vallonnement d'autant plus marqué que les sables étaient plus quartzeux. Les sables calcaires, qui se durcissent à la surface beaucoup plus vite, s'épandent plus également aussi : les dunes limoneuses donnent lieu à des hamada, sinon horizontales, du moins sensiblement planes.

Dans la province d'Oran, les railways traversent ces

terrains sur de longs parcours. Suivant les économies que les constructeurs se sont imposées, ils présentent une série de courbes ou de tranchées qui se succèdent quelquefois avec une désespérante monotonie.

D'après ce que nous avons dit de la formation des dunes, nous devons nous attendre à voir les hamada se relever sur le pourtour des bassins, comme si elles avaient obéi à un soulèvement du sol. Ce relèvement est en général plus sensible d'un côté que de l'autre.

Dans tous les endroits où les cours d'eau sont venus déposer leurs alluvions pendant le travail de transformation, on rencontre, à la surface des poudingues et à une certaine profondeur, des cailloux de toutes grosseurs noyés dans le sable.

Comme les dunes, les hamada renferment les mêmes éléments que ceux des roches de provenance, généralement mélangés, mais souvent aussi réunis par affinité naturelle en couches très apparentes ou en grumeaux. On rencontre, même dans les terrains en transformation, des calcaires et des grès déjà assez compacts pour être utilisés dans les constructions. La carapace des hamada est employée dans le Tell et sur les Hauts-Plateaux à l'empierrement des routes et au ballastage des lignes ferrées.

Aux environs d'Aïn-Sefra, un affleurement de grès imprégnés de cuivre, affleurement qui court sur toute la longueur de l'Atlas, de la Tunisie au Maroc, fournit des particules cuivreuses qui se retrouvent dans les dunes voisines et plus tard dans les hamada.

Les oxydes de fer sont en général très répandus dans certaines hamada.

Enfin, il faut s'attendre à rencontrer dans les hamada,

surtout dans les régions équatoriales, si non, des couches de houille, du moins des lignites. La végétation herbacée disparaît par la sécheresse de l'air avant l'arrivée des sables ; mais il n'en est pas de même de la végétation forestière. Nous avons vu que dans certains cas les arbres sont pétrifiés. Mais il peut arriver que les forêts soient surprises et ensevelies sous les dunes, qui se forment quelquefois avec une grande rapidité. Grâce à la pression des couches de sable qui vont en augmentant, et à l'eau qui filtre au travers après les averses, il est probable que la transformation du bois en lignites s'opère rapidement. Nous avons ouvert des balles d'alfa, comprimées à la presse hydraulique, qui avaient séjourné deux ans sur les quais d'Arzew, et nous avons trouvé l'intérieur dans un état de carbonisation assez avancé. Les alfatiers, du reste, ont reconnu qu'il était préférable pour la conservation des alfas de ne les presser que médiocrement, afin de permettre la circulation de l'air dans l'intérieur.

Comme fossiles, on ne rencontre dans les hamada que les coquilles des animaux qui vivent et meurent sur les dunes pendant leur transformation, entre autres, plusieurs variétés d'hélix, exceptionnellement des fossiles empruntés au terrain sous-jacent, lorsque les sables se sont formés sur place aux dépens de ce terrain.

C'est dans le parcours de Méchéria à Moghrar que l'on peut le mieux étudier la transformation des dunes en hamada. Cette région, que le courant polaire, dont le mouvement de recul vers le sud est actuellement très accentué, vient de quitter, constitue en quelque sorte un cordon littoral au Sahara. On y voit les dunes s'aplanir et la carapace se former dans les parties qui restent un certain temps au repos. La nature est prise sur le fait. Quelques dunes sont rebelles, elles semblent même être encore dans la période d'accroissement : ce sont des dunes qui se trouvent dans les couloirs parcourus par les vents, mais elles ne tarderont pas à se fixer à leur tour.

Au delà de Moghrar on ne rencontre plus que la hamada complétement nue, très pénible pour les chevaux, recouverte de distance en distance par des dunes en pleine activité. C'est la raison pour laquelle nous avons placé en cet endroit, vers le 32ᵉ parallèle, les limites du Sahara dans le Sud Oranais; mais, comme nous l'avons fait remarquer, il s'agit là d'une frontière climatérique qui n'a rien de précis.

Les dunes marines qui se forment sous nos yeux sur le littoral d'Arzew, se concrètent de la même manière que celles du Sahara. Les terrains qui en résultent se distinguent des premiers en ce qu'ils contiennent, en plus des fossiles terrestres, les coquilles qui vivent actuellement dans la Méditerranée. Le plateau de Mostaganem est entièrement formé de dunes marines concrétées, très mal concrétées même, car en beaucoup d'endroits la roche tombe en poussières que le vent soulève.

On peut, à volonté, classer ce terrain comme quaternaire ou pliocène, car il présente une série non interrompue qui commence au littoral actuel et se continue jusqu'aux extrémités du plateau formant comme un manteau au terrain sous-jacent.

A l'époque de cette formation, les conditions climatériques étaient bien différentes de celles de nos jours. Le Chélif et la Macta déversaient dans la baie d'Arzew d'énormes quantités d'alluvions que les courants déposaient sur le littoral et que des vents d'ouest très violents poussaient en dunes au loin dans l'intérieur. Le niveau de la mer était aussi beaucoup plus élevé qu'aujourd'hui et atteignait à peu près les marnes sur lesquelles repose cette formation.

Depuis que la croûte terrestre est devenue assez épaisse pour arrêter le refroidissement du noyau central en fusion, elle a pris son assiette définitive du moins pour longtemps ; elle est absolument fixe ou ne présente que des mouvements insensibles. Au contraire, la mer n'est jamais en repos ; son niveau subit des oscillations périodiques très faibles dans les régions équatoriales, mais qui peuvent atteindre 5 à 600 mètres dans les régions polaires, dues aux changements incessants dans la répartition des masses à la surface du globe, comme nous le verrons plus loin. Tous les continents portent ainsi des traces d'anciennes plages, marquant les étapes de la mer aux différents âges de la terre.

Lorsque la mer se retire, elle met à jour les terrains formés par les apports des rivières, et les débris qu'elle-même a arrachés aux falaises voisines (1). Le plateau de Saint-Leu a été formé de cette façon. A des distances régulières s'arrondissent les croupes de dunes concrétées qui ne sont autre chose que les anciens cordons littoraux marquant les étapes de la Méditerranée au fur et à mesure de son recul. Dans ces anciennes dunes on ne rencontre pas d'autres fossiles que les hélix qui vivent et meurent sur les dunes actuelles : dans le substratum, composé de grès, on trouve en abondance les coquilles qui vivent encore dans la mer voisine. En s'éloignant du rivage.

---

(1) Cette formation des terrains, dans toutes les parties du littoral que peut atteindre le niveau de la mer, dans ses oscillations périodiques, a quelque analogie avec le travail de la navette.

c'est-à-dire en remontant vers les terrains les plus anciens, on rencontre cependant quelques coquilles qui n'existent plus dans la Méditerranée, ou qui du moins ont subi des transformations telles que nous ne les reconnaissons plus dans les espèces actuelles. Dans les environs de la saline d'Arzew se voit une espèce d'huître, *ostrea cochlear*, qui existe aussi dans la mer, mais avec des modifications si considérables qu'il serait impossible de la reconnaître, si tous les intermédiaires n'avaient pas été retrouvés (1).

Aujourd'hui, les rivières ont cessé de fournir leurs apports dans la baie d'Arzew. La mer en est réduite, comme celle de Gascogne, à saper la base des anciennes dunes concrétées, et à reprendre son bien, pour alimenter le cordon littoral actuel. Mais les anciennes conditions climatériques vont revenir ; déjà le niveau de la mer s'élève ; c'est même à la faveur de ce léger exhaussement qu'elle peut mener à bien le travail d'érosion de ses berges.

Les dunes de Gascogne ne présentent pas de traces de concrétion ; du moins, nous n'avons pas souvenir d'en avoir remarqué lorsque nous les avons parcourues. Cela tient, sans doute, à leur nature essentiellement quartzeuse et à leur peu d'ancienneté, car elles ne datent que de la fin du XIII° siècle, époque à laquelle le niveau de la mer a commencé à s'exhausser, comme nous le verrons plus loin.

Nous avons comparé l'action du vent qui transporte les alluvions aériennes à celle de l'eau des rivières ; il y a cependant une différence essentielle à signaler.

---

(1) Péquignot. Essai sur la constitution de la saline d'Arzew.

L'eau approfondit les vallées et augmente le relief du sol en enlevant aux rives les débris qu'elle charrie jusqu'à la mer : si parfois elle entrepose les matériaux dans la partie moyenne de son cours, ce n'est que pour les reprendre plus tard.

Le vent au contraire tend à niveler les surfaces et à combler les vallées ; dès que les agents de destruction ont amené une montagne ou un plateau escarpé au niveau du sol environnant, le travail s'arrête parce que les débris remplissent les cavités, et mettent fin à l'action destructive des éléments.

La route de Tripoli au Fezzan traverse un plateau de grés rouge qui représente la dernière assise d'une montagne disparue, et auquel les Arabes donnent par analogie le nom de *Hamada Rouge*.

Partout le souffle desséchant du courant polaire laisse sur son passage d'immenses steppes. *La steppe est la caractéristique du désert et de toutes les contrées qu'il a autrefois visitées.*

Les dunes actuelles du Sahara non encore concrétées et qui ne représentent que le travail de dix mille ans, comme nous allons le voir, forment un cube suffisant pour recouvrir tout le sol de la France d'une couche de sable de 40 mètres de hauteur. Ne soyons donc pas surpris de l'absence de hautes chaînes de montagnes dans l'intérieur de l'Afrique. Les hamada représentent plus de mille siècles d'activité des agents d'érosion. Nous n'en connaissons pas la puissance, mais elle est certainement considérable ; en beaucoup d'endroits les alluvions aériennes alternent avec les alluvions fluviales, dans le même ordre que les périodes de sécheresse et d'humidité qui se sont succédé.

L'orographie des montagnes du Grand Atlas diffère beaucoup de celle des autres contrées montagneuses ; on sent que la base des monts baigne dans une *mer de hamada*.

A l'horizon de Brizina ce terrain a subi des dénudations immenses sur plus de 60 mètres de hauteur, ainsi qu'en témoignent les Gours Géants, que l'on cite partout comme la preuve de l'énergie des agents d'érosion d'une époque passée. L'eau et l'air, suivant les périodes, ont dû agir avec beaucoup de facilité. Dès que la carapace solide des hamada a disparu, les sables sous-jacents n'offrent aucune résistance.

Avant d'aborder un autre sujet, nous ne voulons pas passer sous silence un phénomène assez curieux, que l'on rencontre à chaque pas dans le désert actuel et dans les contrées qu'il a autrefois visitées.

Nous avons vu que sous l'action des éléments réunis les roches se désagrégent facilement et se réduisent en miettes ; il en est qui font exception et qui défient pendant des siècles les injures du temps. Il en résulte des découpures bizarres dans les montagnes et les plateaux, présentant des aspects fantastiques de châteaux et de tours crénelées.

Dans les environs de l'oasis de Tyout, on montre une falaise de grès debout au milieu d'un amoncellement de débris, depuis un grand nombre de siècles. En effet elle porte des inscriptions et dessins rustiques représentant les animaux qui vivaient autrefois dans le pays, parmi lesquels l'éléphant qui a disparu à l'époque de la conquête romaine. Le chameau, inconnu des Romains, n'y figure pas. Les archéologues attribuent, croyons nous, ces dessins à un légionnaire romain recruté en Egypte. Nous pensons qu'ils sont bien plus anciens et remontent aux Egyptiens qui, à l'époque où le désert était beaucoup plus au sud, ont civilisé le nord de l'Afrique, et de là ont pénétré, par les portes d'Hercule, dans l'Ibérie et la Celtique, ainsi qu'en témoignent les Basques et les Bretons. Quoi qu'il en soit, ce roc est resté insensible aux atteintes des éléments depuis bien des siècles. Il est même plus dur qu'à l'époque où il a reçu ces inscriptions, car il serait impossible de les y graver aujourd'hui, sans le secours des outils perfectionnés dont nous disposons. On dirait, suivant l'expression d'un de nos amis, qu'elles ont été faites avec le doigt.

Sur un grand nombre de points, on rencontre des blocs isolés, debout ou inclinés, dont la base est noyée dans la couche de sables concrétés, comme s'ils s'étaient enfoncés par leur propre poids, et qui ressemblent à s'y méprendre à des blocs erratiques déposés par un glacier. Les roches arrondies par la main des éléments, qui s'attaquent de préférence aux saillies, sont en outre polies et striées par le frottement des sables. Aussi sommes-nous porté à croire que les traces de glaciers signalées dans certaines régions équatoriales, au Dahomey et au Sénégal par exemple, qui ont servi autrefois de lit au courant polaire, proviennent d'erreurs de géologues inexpérimentés.

Le climat du Sahara a été autrefois bien différent de celui de nos jours. A côté des alluvions aériennes on rencontre des alluvions fluviales considérables. Les fleuves qui les ont produites ne roulent plus d'eau à la surface, mais leurs lits desséchés existent toujours, obstrués de distance en distance par des dunes de sable.

L'Oued Draa, qui prenait sa source sur le revers méridional de l'Atlas marocain, coulait d'abord du nord au sud, puis se repliait vers l'ouest en longeant la base des monts. A son embouchure son lit avait près de 5 kilomètres de largeur. Aujourd'hui les affluents supérieurs seuls donnent de l'eau, dans la saison des pluies, et vont se perdre dans les sables du désert.

L'Oued Messaoura, issu comme le précédent des montagnes de l'Atlas, conservait la direction du nord au sud et se jetait dans le Niger au delà de Tombouctou. Ses principaux affluents, qui donnent encore de l'eau aujourd'hui, pendant l'estivage, sont: l'Oued Zousfana grossi de différents cours d'eau dont l'un prend sa source dans le Sud Oranais et arrose l'oasis de Figuig; l'Oued Namous, qui reçoit l'Aïn-Sefra après avoir baigné les terrasses de l'oasis de Tyout; cet oued, à 250 kilomètres en aval d'Aïn-Sefra, franchit de grandes dunes de sable appelées Ergs, par un lit sinueux, et va alimenter les nappes souterraines du Gourara et du Touat conjointement avec l'Oued Zousfana, et d'autres cours d'eau partis de Géryville, mais qui ne roulent pas assez d'eau pour se frayer un lit apparent à travers les Ergs.

Le futur chemin de fer transsaharien empruntera la dépression de l'Oued Messaoura, qui se trouve précisément être le prolongement du chemin de fer d'Oran et d'Arzew à Aïn-Sefra, et le plus court chemin du littoral à Tombouctou, grand centre de commerce qu'il s'agit d'atteindre. Cette voie ferrée, déjà construite sur près de 500 kilomètres jusqu'à Aïn-Sefra, devra, à partir de cette gare, remonter jusqu'au col de Founassa pour redescendre sur Figuig, ou bien suivre le cours de l'Aïn-Sefra qui passe au pied de la gare actuelle, sans desservir l'oasis dénommée ; elle n'offrira aucune difficulté de construction et rencontrera de l'eau sur tout son parcours.

L'Oued Tafassasset, prenant sa source dans les montagnes de l'Ahaggar, au centre même du désert, coulait du nord au sud, et se jetait dans le Niger à peu près à égale distance de Tombouctou et de l'embouchure. A en juger par la longueur de son cours et l'étendue de son bassin, ce fleuve devait être plus considérable que le Niger actuel.

Dans le même massif de l'Ahaggar, mais sur le versant nord, prenait naissance un fleuve considérable aussi, l'Igarghar, qui coulait du sud au nord, en sens inverse du précédent, et, grossi de l'Oued Mia, remplissait, avant de se jeter dans la mer, une immense cavité lacustre, occupée aujourd'hui par les chotts tunisiens, Melrir, Pharaon, etc. On a voulu voir dans ce bassin lacustre le lac Triton des anciens auteurs, bien que d'autres chotts puissent être également identifiés avec ce lac, sur lequel les anciens eux-mêmes ne paraissent pas avoir été bien fixés. On cherchait en fait, en différents points du pourtour de la Méditerranée, des lacs sacrés qui avaient disparu : le niveau de la mer, qui monte maintenant, s'abaissait du temps des Romains, et certains golfes avaient été changés en marécages ou même en prairies cultivées.

Le commandant Roudaire avait formé le projet de rétablir la communication qui avait existé entre le lac Triton et la mer. Le fond d'une partie de cet ancien lac se trouve en effet en contrebas du niveau de la Méditerranée d'une vingtaine de mètres, et il ne serait pas impossible, en creusant un canal, d'amener dans cette cuvette les eaux de la mer, et de changer en golfe marin cet ancien lac ; mais ce canal devrait avoir une longueur de 170 kilomètres, et franchir un seuil de 17 mètres d'altitude au voisinage même du golfe de Gabès. Il devrait aussi avoir une section suffisante, non seulement pour assurer le passage de la quantité d'eau destinée à réparer les pertes dues à l'évaporation, mais encore pour permettre le retour à la Méditerranée des eaux salées de la mer intérieure, sans quoi on ne réussirait qu'à produire un immense marais salant. La dépense, qui se chiffrait par milliards, était hors de proportion avec les résultats qu'on espérait, et qui étaient d'ailleurs absolument illusoires, comme nous le verrons en traitant des courants aériens (1).

Avant d'avoir étudié à fond ce projet, on supposait que l'ancienne communication avec la mer avait été obstruée par les sables ; mais on a reconnu partout du terrain rocheux, que les géologues ont classé, croyons-nous, comme post-pliocène ou quaternaire ancien. On a alors cru à un soulèvement du sol qui aurait fermé l'entrée du prétendu golfe marin ; mais nous savons que les mouvements du sol ne sont qu'apparents et sont dus aux oscillations périodiques du niveau de la mer. Comme il n'est pas admissible qu'un lac dans lequel se déversait un fleuve plus considérable que le Danube d'aujourd'hui soit resté sans communication avec la mer, nous pensons que, pendant l'une des périodes d'assèchement, le lit de l'émissaire de sortie a été obstrué par des sables qui se sont concrétés depuis. Cette concrétion date peut-être de longtemps, et il est possible que pendant les dernières périodes humides le bassin lacustre de la Tunisie ait constitué une véritable

---

(1) La Méditerranée elle-même, placée sur le passage du courant polaire, serait asséchée en un temps relativement court ; dans tous les cas, elle n'apporterait pas de modifications bien appréciables dans le climat de l'Europe.

mer intérieure, comme celle qui existe actuellement en Afrique, aux confins du Sahara, et qui est connue sous le nom de lac Tsade.

Il existe également, sur différents points du Sahara, des dépressions lacustres qui ont été remplies d'eaux à une autre époque, mais il n'est pas encore possible d'en indiquer la position d'une manière définitive, car les explorateurs qui ont pénétré dans le désert n'ont pu faire que des nivellements barométriques dont les résultats varient de plus de 100 mètres.

Le régime pluvial du Sahara et de ses avant-déserts a donc été bien différent de celui de nos jours.

On s'accorde généralement à dire que le climat de l'Algérie a varié depuis les temps historiques. On s'appuie pour cela sur les auteurs anciens, mais dans ces auteurs on trouve amplement de quoi soutenir toutes les hypothèses. On met aussi en cause le déboisement. Bien que Salluste, en parlant de ce pays, se serve de l'expression *arbori infecundus*, il n'en est pas moins avéré que la Mauritanie était plus boisée que de nos jours. Salluste la comparait sans doute aux contrées situées au nord de la Méditerranée. On retrouve la trace de nombreux *barrages de dérivation* construits par les Romains, qui n'avaient de raison d'être que si les pentes des montagnes étaient alors recouvertes de forêts ; même avec un débit double de celui de la plupart des cours d'eaux actuels, des barrages de dérivation ne donneraient aujourd'hui aucun résultat. Sans les forêts qui existaient à leur époque, les Romains auraient été obligés de construire, comme nous, des *barrages réservoirs*. Les forêts exercent en effet une influence salutaire sur le régime hydrologique d'un pays, en emmagasinant l'eau qu'elles n'absorbent pas pour leurs propres besoins (1), et en régularisant le débit des cours d'eau ; mais elles sont sans influence sur le régime pluvial, et par suite sur le climat en général.

La diminution des forêts depuis les Romains, loin d'être la cause de la modification du climat, en est au contraire la conséquence, comme nous le verrons plus loin. Il en est de même pour tout le bassin de la Méditerranée, où le déboisement a été général.

On retrouve, principalement au sud de la Tunisie, les ruines de villes romaines qui, non seulement ne pourraient exister aujourd'hui par suite du manque d'eau potable, mais par l'absence de régions fertiles pour les alimenter. Une ville ne peut se développer au milieu d'un désert ; le désert n'existait donc pas dans les environs à l'époque où ces villes étaient florissantes. Les mêmes causes produisent toujours les mêmes effets : la destruction d'une cité par un conquérant n'entraîne jamais qu'un retour en arrière, ou un arrêt de développement momentané ; la ville se reconstruit au même endroit ou à proximité, si les mêmes causes qui l'avaient fait naître et prospérer existent toujours.

Les Romains ont pénétré, à de grandes distances, dans l'intérieur de l'Afrique ; on retrouve des ruines romaines jusque dans le Fezzan. Or, le chameau leur était inconnu, il a été amené plus tard de l'Asie ; leurs convois n'étaient traînés que par des bœufs. Avec de tels moyens il serait absolument impossible de pénétrer aujourd'hui dans les contrées dont les Romains avaient fait la conquête.

---

(1) Les forêts absorbent pour leur compte environ 10 centimètres d'eau par an.

Il est difficile de reconnaître, dans les villes du littoral de la Tripolitaine et du Barca, les riches colonies grecques de la Cyrénaïque qui renfermaient le jardin des Hespérides.

Enfin, il est hors de doute que le climat de l'Egypte s'est complètement modifié depuis les origines de ce pays. Les monuments, que nos savants égyptologues découvrent dans les sables, n'ont certainement pas été construits sous ces alluvions aériennes.

Les premiers Egyptiens ne connaissaient ni le cheval ni le chameau; le bœuf laboureur, seul, est dessiné sur leurs monuments. Un savant, obligé de reconnaître que les mœurs des premiers Egyptiens étaient bien différentes de celles de leurs descendants, surtout de ceux actuels, va jusqu'à s'écrier que le désert n'existait pas.

Comment la Thèbes aux cent portes, qui a renfermé des centaines de mille habitants, aura-t-elle pu naître et se développer dans un pays comme l'Egypte actuelle? Le Nil est admirablement cultivé aujourd'hui, mais il n'en a pas toujours été de même. Pour prendre possession d'un fleuve, l'endiguer, le dériver par des canaux, en un mot l'asservir à ses besoins, il faut qu'un peuple ait atteint un degré de civilisation déjà assez avancé, et possède un capital provenant d'un travail accumulé depuis longtemps. La mise en valeur d'un pays commence toujours par les terres les plus faciles, situées sur les plateaux élevés; ce n'est que plus tard que les défricheurs descendent sur les rives changeantes des fleuves. Les colons européens eux-mêmes, malgré toutes leurs ressources et leur expérience, n'ont pas colonisé autrement l'Amérique. Il y a cinquante ans, la riche vallée du Mississipi était à peine cultivée. Un certain nombre de fleuves de l'Europe ne sont pas encore endigués à l'heure actuelle.

Comment les Egyptiens auraient-ils pu acquérir assez de richesses et d'expérience pour arriver à se rendre maîtres du Nil, si ce n'est en cultivant d'abord les plateaux environnants, aujourd'hui recouverts de sables, alors très fertiles et surtout très propres au régime pastoral ?

On peut objecter que les anciennes villes égyptiennes se sont développées à la faveur du commerce, que leur situation exceptionnelle leur permettait d'étendre dans tout l'univers alors connu. Ce n'est possible que pour les villes situées à proximité du littoral ; d'ailleurs, le commerce des anciens était insuffisant pour donner à lui seul naissance à des villes comme celles de Thèbes ou de Babylone aux cent portes. Si Marseille n'avait à sa disposition, pour son commerce, que des caravanes de chameaux et des trirèmes, elle n'aurait certes pas 400,000 habitants.

De tout ce qui précède, il ressort que le climat du Sahara s'est considérablement modifié et, de plus, que cette modification est récente, puisque l'humanité, dont les annales ne remontent d'une façon authentique qu'à cinq mille ans, en a conservé le souvenir.

M. Tissot, le savant auteur de la carte géologique de la province de Constantine, s'est demandé si cette modification incontestable dans le climat ne proviendrait pas d'un renforcement qu'aurait subi le courant polaire, depuis les temps historiques, soit par suite d'un changement dans la hauteur des montagnes de l'Asie centrale, soit par suite d'une recrudescence, sur le parcours du courant polaire, du régime pastoral, si funeste à la végétation forestière.

Aucune de ces causes n'a pu avoir d'action directe ou indirecte : l'altitude des montagnes ne varie pas, les continents sont fixes, seul le niveau des mers varie; d'ailleurs, en franchissant la crête des hautes montagnes, les courants aériens se dilatent et se refroidissent, mais le thermodynamique démontre qu'en redescendant sur l'autre versant, ils récupèrent la chaleur perdue en se condensant de nouveau. D'un autre côté, nous savons que la végétation forestière est sans influence sur la précipitation annuelle, et si le régime pastoral s'est modifié, c'est dans le sens d'une diminution, au fur et à mesure du développement de l'industrie humaine.

La cause des modifications qu'a subies le climat saharien provient d'un déplacement du courant polaire, depuis les temps historiques. Pour bien nous en rendre compte, il est nécessaire que nous étudions, avec soin, les courants qui règnent à la surface de notre planète.

II

Lorsqu'on élève la température en un point d'une masse fluide, liquide ou gazeuse, la chaleur ne se propage pas de proche en proche comme dans une barre de fer, par exemple, chauffée à une de ses extrémités : des courants s'établissent immédiatement pour rétablir l'équilibre dans ce milieu.

La chaleur solaire se répartit inégalement à la surface du globe : la température à l'équateur atteint 30°, tandis qu'aux pôles elle reste de beaucoup inférieure au point de glace. Il en résulte des courants continuels dans la mer et dans l'atmosphère, entre l'équateur et les pôles, qui seraient exactement dirigés du nord au sud et du sud au nord si la Terre était immobile.

La Terre tourne sur son axe de l'ouest à l'est en 24 heures. Si on considère un méridien, la vitesse en un point de ce méridien, nulle au pôle, va en augmentant vers l'équateur où elle dépasse 400 mètres par seconde. Les courants polaires en partant des pôles se dirigent d'abord perpendiculairement à l'équateur; mais, au fur et à mesure qu'ils atteignent des parallèles dont la vitesse de rotation est plus grande, ils se trouvent en retard sur le mouvement de la Terre et s'inclinent de plus en plus vers l'ouest. Ils sont parallèles à l'équateur en arrivant dans les régions équatoriales, où ils prennent leur maximum de température, s'élèvent en vertu de leur légèreté spécifique, et se dirigent de nouveau sur leurs pôles respectifs. Au fur et à mesure que les courants de retour, ou équatoriaux, s'avancent sur des parallèles dont la vitesse va en diminuant, ils se trouvent en avance sur le mouvement de rotation de la Terre, et s'inclinent vers l'est, de sorte qu'ils cheminent parallèlement à leur première direction.

Ces courants décrivent donc un cycle complet. Les courants marins, comprenant une branche polaire et une branche équatoriale, s'appellent gulf-streams; nous donnerons, par analogie, le même nom aux courants aériens.

Il est à remarquer que, dans l'hémisphère nord, tous les courants se portent sur leur droite, en vertu du mouvement de rotation de la Terre; au contraire, dans l'hémisphère sud, les courants se portent sur leur gauche. Il en serait de même des cours d'eau qui coulent à la surface du globe, s'ils n'étaient retenus par leurs rives; aussi, dans l'hémisphère nord tous les fleuves corrodent-ils leurs berges de droite, et dans l'hémisphère sud leurs berges de gauche; cet effet est d'autant plus marqué que la direction des fleuves est plus perpendiculaire à l'équateur; il est nul dans les fleuves dirigés exactement suivant des parallèles.

De ce que les courants des deux hémisphères viennent en quelque sorte décrire des *boucles* vers l'équateur et de part et d'autre de cette ligne, il résulte qu'à l'équateur même se trouve une zône neutre, qui est la zône la plus chaude du globe, et que l'on appelle la zône des *calmes équatoriaux*, parce qu'elle présente généralement des calmes, en raison de la neutralisation des courants; cependant il arrive que les courants ne se neutralisent pas complètement et font naître dans cette zône des tourbillons qui s'engagent dans les courants dont ils suivent le fil, sans cesser de tourner sur eux-mêmes avec une grande rapidité. C'est ainsi qu'à partir du confluent de deux rivières, on peut suivre pendant longtemps, entre les deux courants, une zône dans laquelle les eaux sont tranquilles ou troublées par des tourbillons. La zône des calmes équatoriaux pourrait donc s'appeler également la zône des tourbillons ou des cyclones (tourbillons dans la mer, cyclones dans l'atmosphère).

Entre les courants polaires aériens, appelés aussi alizés, et les courants équatoriaux aériens ou contre-alizés, il existe aussi une zône de calmes, appelée zône des *calmes tropicaux*, dans laquelle naissent également des cyclones, qui sont loin d'avoir l'intensité des premiers, et qui tournent en sens inverse, comme il est facile de le reconnaître en considérant la direction des courants qui leur ont donné naissance. Nous verrons plus loin quel rôle important jouent, en météorologie, les tourbillons aériens.

Dans la *boucle* décrite par les courants marins sur l'équateur, existe aussi une région de calmes qu'on appelle *mer des sargasses*, ainsi nommée d'une plante marine qui naît et croit dans ces parages à la faveur des calmes dont ils jouissent.

La zône des calmes équatoriaux est la zône de plus haute température du globe, parce qu'elle reçoit normalement les rayons du soleil. Le soleil en se déplaçant sur l'écliptique déplace cette zône, qui entraîne à son tour avec elle tout le système des courants marins et aériens. Nous appellerons aussi *équateur météorologique* la zône des calmes équatoriaux, qui ne coïncide avec l'équateur géométrique qu'aux époques d'équinoxes.

Le soleil, aux rayons duquel la vie terrestre est suspendue, est la cause unique de tous les mouvements des fluides à la surface du globe. Les moindres changements dans sa température agissent sur le déplacement de l'équateur météorologique et, par suite, sur tout le système des courants qu'il entraine avec lui. Les courants obéissent aux moindres froncements de sourcils du soleil, comme une aiguille sous l'action d'un aimant.

Jusqu'ici nous n'avons fait aucune distinction entre les gulf-streams marins et les gulf-streams aériens. Produits par la même cause et obéissant aux mêmes lois, ils suivent des routes parallèles, mais sont en quelque sorte indépendants les uns des autres. L'air s'échauffe ou se refroidit plus rapidement que l'eau ; les courants aériens sont bien plus sensibles à l'action de la chaleur solaire que les courants marins, l'équateur météorologique de la mer ne coïncide pas toujours avec celui de l'atmosphère, et les mouvements des courants aériens ne sont pas toujours synchroniques de ceux des courants marins.

Les courants, tels que nous venons de les décrire, sont des courants *théoriques* ; ce sont les courants qui existeraient si la surface de notre globe était tout entière recouverte par un océan ayant partout la même profondeur, parce qu'alors rien ne gênerait leur marche. Ajoutons même que, sur une pareille mer, ils seraient très peu sensibles, parce qu'il n'y aurait pas de raison pour les voir se produire sur un point plutôt que sur un autre ; il y aurait seulement un mouvement général de dérive des eaux chaudes à la surface vers les pôles, et des eaux froides vers l'équateur dans les profondeurs, qu'il serait aussi difficile de constater que celui des marées en pleine mer ; les mouvements de l'atmosphère seraient plus sensibles pour un observateur placé au niveau des mers. Un pareil océan serait plus *pacifique* que l'océan Pacifique lui-même.

Prenons un ballon contenant de l'eau à une basse température, dans laquelle nous aurons au préalable introduit de la sciure de bois, pour nous permettre d'en suivre les mouvements ; transportons-le dans une étuve à une haute température. L'eau s'échauffera sur toute la surface du ballon et montera à la partie supérieure, pendant que de l'eau froide affluera à la périphérie pour la remplacer. La sciure de bois nous indiquera très-bien ces mouvements uniformes. Si nous introduisons dans le ballon un corps étranger quelconque, nous verrons immédiatement des courants se dessiner sur certains points, dans les étranglements par exemple, et l'eau rester au repos sur d'autres points. L'idée de courant implique forcément l'idée d'immobilité, au moins relative, pour les parties voisines.

Ce sont les inégalités dans le fond des mers et la configuration des côtes qui accentuent les courants marins, et qui modifient leur marche, au point de les faire dévier de la marche théorique que nous avons étudiée. Le relief du sol a moins d'influence sur les courants de l'atmosphère, mais ceux-ci sont considérablement déviés par les courants secondaires, qui naissent de l'inégal échauffement des surfaces. La physique nous apprend que les surfaces, suivant leur nature et leur couleur, absorbent en quantité inégale les rayons solaires. L'air qui repose sur ces surfaces s'échauffe donc inégalement, de sorte que des courants secondaires naissent pour rétablir l'équilibre. Ainsi la mer s'échauffe lentement et se refroidit lentement ; les continents, au contraire, s'échauffent très vite, mais se refroidissent de même : le jour, le vent souffle de la mer sur le continent ; la nuit, du continent vers la mer. Pour la même raison, la brise souffle, pendant le jour, de la plaine vers la montagne, et, la nuit, de la montagne vers la plaine. Ces vents secondaires se composent avec les courants généraux de l'atmosphère, dont ils nous empêchent de reconnaître la direction et la vitesse. Le relief du sol agit également sur la direction des courants : un mur d'une faible élévation suffit pour garantir du sirocco une longue bande de terrain. Mais tous ces obstacles n'agissent que dans les parties inférieures des courants qui rasent la surface du globe, leur influence ne se fait pas sentir dans les parties supérieures de l'atmosphère. Il y a encore une autre raison qui nous empêche d'observer la véritable direction des courants aériens : ce sont les cyclones qui naissent dans la zône des calmes équatoriaux et dans la zône des calmes tropicaux, et qui tournent, les premiers en sens inverse et les seconds dans le sens des aiguilles d'une montre, de telle sorte que pour certains lieux leur vitesse *s'ajoute* à celle des courants équatoriaux dont ils suivent le fil, et, pour certains autres, *s'en retranche*. L'Europe, où se rencontrent le plus grand nombre d'observateurs consciencieux, se trouve malheureusement dans un état d'infériorité marquée sous ce rapport. En effet, le gulf-stream aérien, que nous appellerons courant *Européo-Saharien*, qui, après avoir parcouru l'Asie, l'Afrique et l'océan Atlantique, décrit sa boucle sur le golfe du Mexique, et retourne à son point de départ en traversant toute l'Europe, est à chaque instant parcouru par des cyclones.

Il est également fort difficile pour un observateur, placé

à la surface de la mer, de reconnaître la direction des courants marins, soit parce qu'ils sont déviés et éprouvent des remous en raison de la configuration des côtes, comme le gulf-stream qui pénètre dans le golfe du Mexique et dans celui de la mer Blanche ouverts sur son chemin, soit parce que les vents produisent des courants de surface, qui n'influent pas sensiblement sur la marche des courants généraux, mais qui les masquent quelquefois complétement.

Les navigateurs, et avec eux le capitaine Maury, ont toujours pensé que les vents avaient une grande influence sur les courants marins, que même ils en étaient la principale cause : il n'en est rien, le vent n'agite les eaux qu'à une faible distance de la surface, et ne peut troubler la marche des courants, qui ont quelquefois plus d'un kilomètre de profondeur.

A Arzew, les marins nous annoncent deux jours à l'avance des vents d'ouest quand le niveau de la mer monte, et des vents d'est quand il baisse : ils ne manquent pas d'ajouter que les vents d'ouest poussent la mer devant eux et font monter le niveau : ils n'ont pas, croyons-nous, trouvé l'explication à la baisse de niveau par les vents d'est. La mer suit exactement les mouvements de la colonne mercurielle, mais en sens inverse; elle est soumise à des *seiches* comme les grands lacs, le lac de Genève, par exemple.

Le capitaine Maury, lui-même, paraît avoir eu des doutes sur l'action des vents, puisqu'il fait très-judicieusement remarquer que les alizés du nord-est, qui soufflent presque toute l'année sur la mer des sargasses, n'y déterminent pas le moindre courant.

Maury a tracé sur des cartes les courants marins et

aériens de toutes les mers, tels qu'ils résultent d'observations relevées sur les journaux de bord d'un grand nombre de navires. En s'inspirant des principes généraux que nous avons posés plus haut, et en tenant compte de la configuration des côtes, le lecteur pourra faire lui-même sur une carte un tracé des courants qui ne s'écartera pas beaucoup de celui de Maury. Il n'y a que deux courants difficiles à tracer, à tel point qu'à l'heure actuelle on n'est pas, croyons-nous, bien fixé sur leur compte : ce sont le gulf-stream de l'Atlantique nord et le courant européo-saharien. En effet, la marche de ces deux courants subit des déviations considérables, provenant de ce que le premier se meut dans une mer ayant la forme d'un canal long et étroit, et de ce que le second circule dans la partie du globe où se trouve ramassée la plus grande partie des terres émergées. Nous allons étudier avec quelques détails ces deux courants dont l'importance est capitale ; le climat de la plus grande partie de l'ancien Monde dépend de ces deux gulf-streams jumeaux.

Nous avons vu que la zône des calmes équatoriaux ou équateur météorologique ne coïncide pas avec l'équateur géométrique, et se déplace annuellement pour suivre la marche du soleil sur l'écliptique, oscillant autour d'une position moyenne qu'elle occupe vers l'époque des équinoxes. Dans cette position moyenne elle ne se trouve même pas sur l'équateur géométrique, mais à 12° environ plus au nord, du moins dans l'océan Atlantique. Dans l'océan Pacifique la distance est moins grande : il est même probable que les deux équateurs y sont très voisins l'un de l'autre, et que le mouvement oscillatoire de la zône des calmes n'a qu'une faible amplitude, alors qu'elle se déplace dans l'Atlantique de 8° au nord et 8° au sud de sa position moyenne. Dans l'Atlantique, sa largeur est d'environ 3°, et dans son déplacement vers le sud, qui a lieu pendant l'hiver de notre hémisphère et l'été de l'hémisphère austral, elle reste encore au nord de l'équateur géométrique.

La raison en est que notre hémisphère jouit d'une température plus élevée que l'autre ; au pôle nord les glaces éternelles n'occupent que 9° environ, tandis qu'au pôle sud elles s'étendent sur 18°.

La terre, dans son mouvement annuel autour du soleil, décrit une ellipse dont le soleil occupe un des foyers. C'est actuellement pendant l'été de notre hémisphère que la planète parcourt la grande branche de l'ellipse, d'où il résulte que nos étés (1) sont plus longs de huit jours que ceux de l'hémisphère austral, et que les extrêmes entre les températures de l'été et de l'hiver sont bien plus considérables dans cet hémisphère que dans le nôtre : double cause de refroidissement pour les régions australes.

Au premier abord, une différence de huit jours de chaleur au profit d'un hémisphère paraît peu importante ; le météorologiste Kæmtz, dont le traité fort remarquable d'ailleurs a servi de base, avec nos observations personnelles, à nos études sur les courants aériens, considère cette différence comme insignifiante. C'est une erreur. Tirons une ligne suivant un parallèle de la sphère terrestre et passant par Paris, par exemple ; supposons que, par un phénomène quelconque, le soleil reste au-dessus de l'horizon une demi-heure de plus dans la région située au nord de cette ligne, et une demi-heure de moins dans

---

(1) Par été nous entendons le temps qui s'écoule du solstice de printemps au solstice d'automne.

celle située au sud, de façon que la première région jouisse d'un jour plus long d'une heure que celui de l'autre. La situation sera comparable à celle qui résulte pour les deux hémisphères de la différence de durée de leurs saisons. Or il n'est pas douteux qu'après quelques années, la température ne soit sensiblement plus élevée au nord qu'au sud de notre ligne hypothétique.

La seconde cause de déperdition de chaleur pour l'hémisphère austral est encore, pensons-nous, plus importante que celle-là. En effet toute cause qui produit des extrêmes dans les températures amène une perte de chaleur, en vertu de la loi du refroidissement des corps, qui est proportionnel au carré des différences de températures. L'excès de chaleur reçue en été rayonne vers les espaces célestes, d'autant plus que cet excès est plus grand. C'est pour cette même raison que la température moyenne des mers est bien supérieure à celle des continents, car la mer s'échauffe et se refroidit plus lentement que les continents, dont les écarts entre les températures sont plus considérables, et par suite la température moyenne plus faible, bien qu'à surface égale les continents reçoivent la même quantité de chaleur que les mers voisines.

Sous l'influence de ces deux causes, si la température de l'autre hémisphère ne diffère pas plus de celle du nôtre, la raison en est qu'il est en grande partie recouvert par les mers et qu'il jouit d'un climat marin; sans les causes de refroidissement signalées, on constaterait, en faveur de l'hémisphère sud, un excès de température moyenne analogue à celui qui existe entre la température moyenne de la mer et celle des continents, excès qui peut atteindre dans certains cas jusqu'à 10°.

Au lieu d'une différence de température en faveur de l'hémisphère austral, c'est, au contraire, une différence en moins que l'on relève. Cette différence est, d'ailleurs, très faible sur les continents enveloppés de tous côtés par les mers et ne s'étendant qu'à une médiocre distance de l'équateur ; elle ne devient sensible qu'en s'approchant du pôle sud.

Cette différence de température entre les deux hémisphères ne suffit pas pour expliquer complétement pourquoi l'équateur météorologique reste constamment, même en hiver, au nord de l'équateur géométrique, car il n'est pas admissible que les étés au sud de cette ligne soient moins chauds que les hivers de notre hémisphère ; d'ailleurs, nous savons que dans l'océan Pacifique la zône des calmes équatoriaux diffère peu de l'équateur.

Il faut chercher la cause de cette anomalie apparente dans la position du pôle du froid qui ne coïncide pas avec le pôle nord. La masse continentale de l'Europe et de l'Asie, plus froide que les mers environnantes, influe sur la position du pôle du froid qui se trouve reporté plus au sud, vers l'embouchure de la Lena, et même dans l'intérieur du continent, entre cette embouchure et la ville sibérienne de Iakoutsk. Il existe même un deuxième pôle du froid, au nord de l'Amérique, qui ne nous intéresse pas pour le moment.

Le détroit de Behring, qui n'a que 50 kilomètres de longueur et une profondeur moyenne de 40 mètres, est souvent obstrué par les glaces, car il suffit qu'un iceberg émerge de 6 à 7 mètres pour que sa base échoue sur le fond de ce canal ; les échanges entre la mer Glaciale et l'océan Atlantique sont rendus très difficiles et souvent impossibles, ce qui contribue à maintenir cette partie de l'océan Arctique à une basse température.

Naturellement, la position du pôle du froid influe sur celle de l'équateur météorologique, qui prend une position correspondante.

Nous pouvons maintenant aborder l'étude des deux courants dont nous avons parlé.

L'océan Atlantique a la forme d'un long canal dirigé du nord au sud, entre les deux Amériques d'une part, l'Europe et l'Afrique de l'autre ; le gulf-stream, gêné dans ses mouvements, ne peut s'y développer à son aise et suivre le chemin que tend à lui faire prendre le mouvement de rotation de la terre ; il choisit la route qui lui offre le moins d'obstacles. Parti du fond de l'océan Glacial, il se porte sur sa droite, descend par le détroit de Baffin et arrive sur le banc de Terre-Neuve, où il rencontre à angle droit le courant de retour ou courant équatorial, qui, après avoir décrit sa *boucle* dans les parages des Antilles et longé un instant la côte des États-Unis, s'est replié dans la direction de l'est ou de l'est nord-est, pour retourner à son point de départ. Les deux courants luttent pendant quelque temps : le courant froid, après avoir coupé le courant équatorial par plusieurs branches qu'il pousse très loin à la surface des eaux chaudes, finit par descendre dans les profondeurs. Une fois au fond des mers, s'il continuait sa marche en se portant sur sa droite, arrivé dans les parages des Antilles, il ne pourrait décrire sa boucle à droite et devrait marcher en sens inverse de la direction que tend à lui imprimer la rotation de la terre ; il choisit alors un autre itinéraire, traverse en écharpe l'Atlantique et vient passer entre les Açores et la péninsule Ibérique. Là, il commence à s'échauffer et à monter à la surface. Le courant polaire continue sa marche sur les côtes d'Afrique, puis il tourne sur sa droite, de manière à venir toucher la zône des calmes équatoriaux dont la position varie, comme nous le savons, suivant l'époque de l'année. Sa largeur est en cet endroit de plus de 500 kilomètres et sa vitesse de quelques milles à l'heure. Lorsque le courant a pris la température des régions équatoriales, soit 27°, il commence à décrire sa boucle sur les Antilles et l'Amérique et achève de se replier vers l'est sur le banc de Terre-Neuve, où il coupe à angle droit la branche froide descendue de la mer de Baffin. Au contact du courant équatorial, les glaces charriées par le courant polaire fondent et laissent tomber les terres arrachées aux régions polaires sur le banc de Terre-Neuve, qui s'accroît sans cesse. Le bord méridional de ce banc est très accore, tandis que, de l'autre côté, la pente est insensible, ce qui prouve que depuis longtemps la direction du fleuve marin n'a pas changé dans ces parages. Le gulf-stream, après avoir traversé de nouveau l'Atlantique, cette fois-ci à la surface, longe les côtes d'Irlande, d'Ecosse, de Norvége, passe dans les parages de la Nouvelle-Zemble, et retourne à son point de départ en se portant toujours sur sa droite.

Au moment où le gulf-stream décrit sa boucle sur les Antilles, une partie du courant, trouvant la mer ouverte devant elle, entre dans le golfe du Mexique qu'elle contourne et vient ressortir par l'étroit canal de Bahama où naturellement sa vitesse est considérable. Ce courant dérivé, ce remous, a été connu des marins, à cause de sa grande vitesse, longtemps avant le courant principal auquel il a donné son nom. Un autre remous entre dans la mer Blanche, dont il fait également le tour ; sa température est supérieure de 10° à celle des eaux environnantes.

En raison de sa faible vitesse, le gulf-stream est très

difficile à reconnaître ; les courants de surface, poussés par le vent, le masquent quelquefois complètement ; le meilleur moyen pour en suivre la marche, c'est de faire des *sondages thermométriques*. Un observateur, à la surface de la mer qui veut étudier la direction des courants marins, est dans la même situation que celui qui, placé à la surface de la terre, cherche à se rendre compte de la direction des vents ; malheureusement, les sondages aériens sont encore plus difficiles que les sondages maritimes.

Au fur et à mesure que le courant polaire s'approche de l'équateur, la quantité d'eau qu'il entraîne va en augmentant, car il produit un appel sur tout son parcours. Au contraire, le courant de retour, ou courant équatorial, abandonne en route une partie de ses eaux, refroidies au contact des couches voisines, et son volume va en diminuant.

La branche froide, comme nous l'avons vu, commence à monter à la surface, à être aspirée, suivant l'expression des marins, dans les parages des Açores, sur le bord méridional de la branche chaude qui, naturellement, lui cède une partie de ses eaux, de sorte que le gulf-stream a l'air de décrire une courbe fermée ; et il est possible qu'un flotteur abandonné en un point de ce parcours décrive un circuit complet. Il n'y a d'ailleurs aucune indication à tirer de la direction des flotteurs, car ils sont les jouets des courants de surface et des vents.

C'est au centre de cette boucle que se trouve la mer des sargasses, qui a donné son nom à toutes les mers analogues. En définitive, le gulf-stream de l'Atlantique nord décrit une courbe en forme de 8.

Il existe dans l'Atlantique sud un gulf-stream qui correspond à celui-ci. Ce fleuve marin, parti du pôle sud en se portant sur sa gauche, passe devant le cap de Bonne-

Espérance, longe la côte occidentale de l'Afrique, vient décrire sa boucle tangentiellement à la zône des calmes équatoriaux et se replie sur la côte orientale de l'Amérique du Sud, en face du cap San-Roque, d'où il regagne son point de départ par un chemin parallèle à sa première direction.

En raison de la configuration des côtes, ce courant ne peut suivre qu'un instant l'équateur météorologique qui, par suite, présente en cet endroit deux élargissement sur les côtes d'Afrique et d'Amérique, en forme de coins dont la pointe est tournée vers la mer.

Les navigateurs doivent chercher à franchir la zône des calmes équatoriaux dans sa plus faible largeur.

Les auteurs qui ont écrit sur le gulf-stream confondent généralement les deux courants, qui sont cependant tout à fait distincts, et disent que le gulf-stream se bifurque en face du cap San-Roque, poussant une branche vers le sud et une autre vers le nord et le golfe du Mexique. La branche nord n'existe pas : le fleuve des Amazones, qui se jette dans la mer en cet endroit, roule ses eaux en ligne droite à plus de 300 kilomètres de la côte, ce qui prouve bien qu'il n'y existe pas de courant.

Les deux gulf-streams sont donc complètement indépendants ; jamais un courant ne franchit la zône des calmes ; cependant il peut y avoir des échanges d'un courant à l'autre par les tourbillons. Il est arrivé quelquefois que des embarcations échappées des îles Canaries ont été saisies par le courant ; généralement elles ont atterri dans les Antilles, une seule d'entre elles est allée à la côte du Brésil, emportée dans un tourbillon (1).

---

(1) Ces embarcations ont été surtout entraînées par les gulf-streams aériens, qui suivent dans ces parages une marche parallèle à celle des gulf-streams marins.

Nous regrettons que le cadre que nous nous sommes imposé ne nous permette pas de nous étendre davantage sur ce sujet si intéressant.

Le gulf-stream aérien, que nous avons appelé courant Européo-Saharien, a son point de départ au pôle du froid dans la Sibérie orientale, non loin du point de départ de son frère jumeau le gulf-stream marin.

Les masses d'air qui reposent sur cette région se sont dépouillées de leur vapeur d'eau à travers l'Europe et la Sibérie occidentale; d'ailleurs, elles sont à une température de beaucoup inférieure à 0° et, par suite, elles ne peuvent contenir qu'une très-faible quantité d'humidité, même en admettant que leur point de saturation soit atteint.

Le courant polaire, attiré vers l'équateur, se dirige d'abord du nord au sud, puis la rotation de la terre lui fait prendre la direction du sud-ouest. Il traverse l'Asie en écharpe et l'Afrique parallèlement à l'équateur. Son chemin est jalonné par une série de déserts qui commence au désert de Gobi et se termine sur les bords de l'Atlantique, interrompue seulement par les montagnes sur lesquelles le courant, à la faveur du refroidissement qu'il éprouve en passant sur la crête de ces *déversoirs*, dépose le peu d'humidité qu'il renferme depuis son point de départ, ou qu'il a pu emprunter aux lacs de l'Asie. Sur le plateau du Pamir, malgré son altitude supérieure à 3.000 mètres, la précipitation atmosphérique est faible. Tout dernièrement, un voyageur français, M. Tissot, a pu le franchir au cœur de l'hiver. Les plus grandes souffrances qu'il a endurées proviennent des extrêmes de température auxquelles cette région est soumise par suite de l'absence de vapeur d'eau dans l'atmosphère; le thermomètre marquait 25° au soleil et — 15° à l'ombre.

Pendant que le courant polaire chemine, sa température s'élève et son point de saturation s'éloigne encore.

En raison de leur grande altitude, les monts d'Ethiopie, qui se trouvent pendant l'hiver sur le trajet du bord méridional du courant, arrêtent encore les nuées au passage, et le versant de ces monts qui regarde la mer Rouge a un régime pluvial différent de celui de l'autre versant, comme nous le verrons.

Sur toute l'étendue de l'Afrique, notre gulf-stream ne *précipite pas une seule goutte de pluie.*

On se demande pourquoi ce courant, après avoir cheminé parallèlement à l'équateur sur le parcours de la mer Rouge à l'Atlantique, *ne décrit pas sa boucle* et ne se replie pas vers le nord-est pour retourner à son point de départ? Disons d'abord qu'il est fort heureux pour nous qu'il n'en soit pas ainsi, car en très peu de temps l'Europe serait transformée en un désert analogue à celui du Sahara, et la plus grande partie de ses habitants périraient. Malgré son long parcours à travers les continents, le courant polaire n'est encore qu'à une basse température: les rayons du soleil n'ont pas de prise sur lui, à cause du manque de vapeur d'eau: ils ne font que le traverser comme ils traversent une lentille de glace : l'air ne peut s'échauffer qu'au contact du sol et pendant le jour seulement, car la nuit, à cause du rayonnement, le sol est considérablement refroidi. D'ailleurs, le phénomène du mirage nous a appris que les couches d'air qui reposent sur le sol, au lieu de s'élever, restent souvent dans un état d'équilibre instable, supportant le poids des couches supérieures plus denses.

Notre courant continue sa marche vers l'ouest, parce que son foyer d'appel se trouve sur l'Atlantique. A peine arrivé sur la mer, il aspire avec avidité l'eau qui lui fait défaut. Toutes les fois que les brises de terre et de mer ne masquent pas le courant polaire, il se fait sentir aux marins, qui connaissent bien le *harmattan*, ce vent froid et desséchant qui contient des poussières en suspension. Dès qu'il a pris de l'humidité, il devient sensible aux rayons solaires et sa température va en augmentant. Les trombes, qui naissent au contact de ce courant et de la zône aérienne des calmes équatoriaux, chaque fois que ce courant l'emporte sur celui qui lui fait équilibre de l'autre côté de cette zône, interviennent pour mélanger les couches d'air supérieures, non encore saturées, avec les couches d'air inférieures, gonflées d'humidité. Elles jouent dans cette circonstance le rôle de *malaxeurs*. Le laboratoire du climat européen se trouve dans l'Atlantique. Malgré cette activité, le gulf-stream aérien n'a pas trop de son parcours à travers l'Atlantique pour puiser l'eau dont il a besoin, et élever sa température au degré convenable. Arrivé sur le golfe du Mexique, il décrit sa boucle au même endroit que le gulf-stream marin, mais comme il n'est pas gêné par la configuration des côtes, il se développe largement en empiétant sur le territoire des États-Unis (1). Après avoir traversé de nouveau l'Atlantique, dans une direction presque parallèle à la première, puis l'Europe sur laquelle il précipite la plus grande

---

(1) Si le Sahara était occupé en entier par une mer communiquant largement avec l'Océan, de manière à réparer ses pertes, le courant polaire n'aurait pas besoin de pousser jusqu'au golfe du Mexique pour prendre le degré de température voulu ; il décrirait sa boucle plus tôt ; de sorte que la direction du courant équatorial serait plus australe, mais là se bornerait l'effet de cette mer intérieure.

partie de son humidité, et enfin la Sibérie, qui n'en reçoit qu'une faible part, il regagne le pôle du froid, pour recommencer son circuit.

On peut comparer exactement le gulf-stream aérien à une chaîne à godets, dont le point d'attache est situé au pôle du froid et qui puise l'eau dans l'Atlantique pour arroser l'Europe et redescendre à vide à travers l'Asie et l'Afrique.

Le point de départ du courant est sensiblement fixe, ainsi d'ailleurs que celui de son courant marin jumeau; mais le point d'arrivée varie avec les saisons de 16° environ, comme l'équateur météorologique; notre chaîne à godets est obligée de s'incliner plus ou moins pour pomper l'eau à l'endroit voulu.

Le gulf-stream aérien, dans son parcours à travers l'Afrique, occupe une étendue de 19°; sa hauteur est d'environ 2 kilomètres et sa vitesse moyenne de 10 mètres par seconde; il puise environ un demi million de mètres cubes d'eau par seconde dans l'océan.

Il oscille annuellement de 16° autour d'une position moyenne ou d'un lit moyen constitué par le Sahara et compris entre les 32me et 13me parallèles; pendant l'été, le courant se déplace de 8° vers le nord et étend son influence jusqu'au 40me parallèle; au contraire, pendant l'hiver, il descend jusqu'au 5me parallèle et souffle jusque sur les côtes de Guinée; nous avons donné le nom de lit mineur du courant européo-saharien au Sahara proprement dit, et de lit majeur aux zônes bordières qui participent par dépradation insensible au climat saharien.

Nous avons dit que le courant polaire ne laisse pas tomber une goutte d'eau sur tout son parcours à travers l'Afrique ; cependant il pleut quelquefois dans le Sahara et il pleut assez fréquemment dans les zônes bordières ; nous devons donc faire connaître par quel mécanisme ces contrées reçoivent l'eau qui leur est départie.

Au sud de la zône aérienne des calmes équatoriaux et faisant pendant à notre gulf-stream aérien, il en existe un autre qui, parti du pôle sud, et après avoir traversé l'océan Indien et l'Afrique équatoriale, vient décrire sa boucle dans l'Atlantique au même endroit que le gulf-stream marin de l'Atlantique sud, que nous avons décrit. Le courant marin jumeau, qui l'accompagnait d'abord à travers la mer des Indes depuis son départ du pôle sud, rencontrant la barrière droite du continent africain, a dû se replier en cet endroit ; c'est lui que les marins rencontrent entre Madagascar et la côte du Mozambique.

La partie la plus méridionale de cette immense nappe d'air, qui se développe en éventail à partir du pôle sud, a traversé des mers sur une grande longueur lorsqu'elle arrive sur les côtes de l'Afrique méridionale, mais ces mers sont à une basse température et ce parcours est complètement insuffisant pour saturer d'eau le courant ; aussi, après avoir précipité sur les montagnes bordières le peu de vapeur d'eau qu'il contient, forme-t-il par son passage sur le continent un désert analogue à celui du Sahara, que les géographes appellent le désert de Kalahari. Il n'en est pas de même de la partie septentrionale de ce gulf-stream aérien qui, dans son long parcours à travers l'océan Indien, dont la température est très élevée, a le temps de se saturer d'humidité ; aussi se trouve-t-il dans des conditions bien différentes du courant saharien qui lui fait pendant de l'autre côté de l'équateur météorologique (1).

Pour nous rendre compte à chaque instant de la position des courants aériens, suivons-les sur le méridien passant, par exemple, par Paris. Le 20 janvier, jour le plus froid de notre hémisphère, nous rencontrons au-dessous de la zône des calmes équatoriaux le courant polaire austral, dont nous venons de parler, chargé de vapeur d'eau, qui s'étend jusqu'au 2ᵐᵉ parallèle nord ; puis la zône des calmes équatoriaux dont la largeur est de 3° environ, puis le courant polaire saharien, large de 19°, absolument sec ; au-dessus, la zône des calmes tropicaux, qui occupe une largeur de 5 à 6°, et enfin le courant équatorial européen, large de 25° environ.

A partir du 20 janvier, la température augmentant, tout cet ensemble de courants se met en marche vers le nord de manière à atteindre vers le 20 juillet sa position la plus septentrionale, à 16° plus au nord ; à partir du 20 juillet, la température diminuant, nos courants redescendent vers le sud, de manière à avoir repris leurs anciennes positions au 20 janvier suivant.

Pendant que la zône des calmes équatoriaux, appelée aussi *pot au noir* par les marins, passe sur une contrée, le temps présente une série de tempêtes alternant avec une série de calmes ; dès qu'elle a passé, le régime se trouve établi, c'est-à-dire le régime humide dans le courant polaire austral et le régime sec dans le courant saharien. Au retour l'inverse a lieu.

La zône des calmes tropicaux ouvre ou ferme également

---

(1) C'est le courant de retour de cette masse aérienne qui souffle avec tant de violence au sud du Cap.

les saisons par des alternatives de pluie et de beau temps, mais rarement par des tempêtes, car les effets des météores vont en diminuant à mesure qu'on s'éloigne de l'équateur. En se déplaçant vers le nord, cette zône ouvre la saison sèche pour toutes les régions situées entre les 24es et 40es parallèles ; et, au contraire, dans son mouvement de retour, elle ouvre la saison humide pour ces mêmes régions.

D'après ce que nous venons de dire, il est facile de calculer, pour chaque région comprise dans les limites indiquées, le commencement et la durée des saisons, c'est-à-dire de l'hivernage et de l'estivage, pour le Sénégal ou la haute Egypte, par exemple.

Le centre de notre système se trouve dans l'axe du Sahara ; il est facile de voir qu'entre les 23es et 24es parallèles existe une zône où il ne tombe jamais de pluie *théoriquement* ; de fait il n'en tombe que tous les 10 ou 12 ans, tant ces phénomènes présentent de régularité. Fait très-curieux, vérifié par les voyageurs, au nord de cette zône il ne pleut qu'en janvier et au sud qu'en juillet. De part et d'autres les saisons d'hivernage et d'estivage sont inverses.

En raison de sa situation, le Sénégal jouit de deux saisons sensiblement d'égales longueurs. En Algérie, l'estivage dure à peine quatre mois ; la limite où l'estivage et l'hivernage sont d'égale longueur, se trouve au 32me parallèle, c'est-à-dire à la limite même que nous avons assignée au Sahara oranais.

D'après Maury, la zône des calmes équatoriaux dans son déplacement ne dépasserait pas le 9me degré de latitude nord ; c'est là une erreur, car, s'il en était ainsi, il ne pleuvrait jamais dans la plus grande partie du Sénégal et de la haute Egypte ; d'ailleurs le diagramme tracé par le courant polaire à la surface des continents asiatique et africain ne laisse aucun doute à cet égard. Cette zône dans son déplacement atteint bien le 21ᵐᵉ degré de latitude.

Au sud de la zône des calmes équatoriaux, dès que le régime pluvial est établi, il pleut tous les jours avec une régularité astronomique; au contraire, au nord de la zône des calmes tropicaux, où règne le courant équatorial, il ne pleut que dans certaines circonstances bien déterminées : il ne pleut que lorsque ce courant est parcouru par des trombes ou cyclones.

Sans ces météores, les pluies se produiraient en Europe avec une régularité mathématique, au fur et à mesure que le courant atteindrait, par le refroidissement, sa limite de saturation ; on verrait d'abord une légère brume, plus loin un brouillard dont l'intensité irait en augmentant et qui finirait par se résoudre en pluie fine d'une monotonie désespérante. Il n'y aurait de variété que dans les lieux où commenceraient ces phénomènes, suivant les saisons ; en été, époque où le courant est plus chaud et plus élevé, les pluies ne se produiraient qu'à une assez grande distance dans l'intérieur du continent ; en hiver, au contraire, elles commenceraient sur les côtes mêmes. Les trombes modifient complètement ce régime pluvial.

Nous connaissons déjà un rôle extrêmement important des trombes qui, en produisant un mélange des couches d'air, favorisent l'absorption de la vapeur d'eau par le courant européo-saharien. Ces trombes, semblables à toutes celles que nous voyons en miniature sur nos routes poudreuses, naissent dans la zône neutre qui sépare deux courants. L'équilibre exige que les deux courants soient d'égale force ; lorsqu'un des deux tend à prendre le dessus, il dépense son excès d'énergie en donnant naissance à des trombes. Quand le courant saharien l'emporte sur celui qui lui fait pendant dans l'autre hémisphère, les trombes tournent dans le sens inverse des aiguilles d'une montre et entrent dans le courant européo-saharien dont elles suivent le fil, comme les tourbillons qui prennent naissance dans les fleuves suivent le fil de l'eau tout en tournant sur eux-mêmes. Au départ elles n'ont qu'une faible étendue, mais une puissance considérable ; quand elles arrivent sur l'Europe, elles recouvrent des espaces considérables, grands comme la France, mais ont perdu leur force destructive. En opérant un mélange entre l'air froid des couches supérieures avec celui des couches inférieures, elles amènent celles-ci à leur point de saturation et produisent la pluie.

Il est donc du plus haut intérêt d'être renseigné à un moment quelconque sur la position du courant européo-saharien, afin de connaître le point d'atterrissement des cyclones qui nous sont signalés quelquefois huit jours à l'avance par l'Amérique. Ils abordent les côtes de l'Europe dans le voisinage de l'axe de ce courant, car au mois de janvier le courant équatorial descend jusqu'au 30ᵐᵉ parallèle, c'est-à-dire qu'il recouvre toute l'Algérie, et cependant il est assez rare que les cyclones parviennent jusqu'aux confins du désert.

Les deux gulf-streams que nous venons d'étudier ont une influence capitale sur le climat de l'Europe, et surtout de la zône littorale, qui en ressent la première les bienfaits. Mais c'est à tort que l'on attribue exclusivement au courant marin la douce température dont jouissent les côtes : elle est due en grande partie au courant aérien.

Enfin nous ne voulons pas terminer cette courte notice sans dire quelques mots du vent connu en Algérie sous le nom de sirocco.

Sur tout son parcours le courant saharien produit un appel d'air. Lorsque le soleil darde ses rayons sur la façade d'une maison, il occasionne un courant d'air ascendant, qui produit un appel d'air dans l'intérieur de la maison, phénomène bien connu du public parce qu'il fait fumer les cheminées ; c'est un appel de ce genre que produit notre courant. En traversant l'Europe, le courant équatorial commence à se refroidir et abandonne en route les parties froides qui sont attirées par le courant polaire ; aussi, sur la Méditerranée ressent-on généralement un vent du nord ou du nord-est. Il se passe quelque chose d'analogue à ce qui a lieu pour le gulf-stream dans les parages des Açores. Mais il arrive quelquefois, nous ne savons pourquoi, que c'est l'inverse qui a lieu : un courant d'air brûlant, le sirocco, parti du Sahara, se dirige vers le nord sur l'Europe ; ce courant qui, d'après sa température, supérieure quelquefois à 40° centigrades, devrait s'élever dans l'atmosphère, *rampe* au contraire à la surface du sol ; il se fait du reste sentir sur tout le pourtour du Sahara. Nous pensons que la production de ce vent a des relations intimes avec les trombes, mais nous manquons d'éléments pour nous en assurer. Ce vent est très-chargé en sable fin qui lui donne son poids spécifique et sa haute température ; il ne souffle que pendant un nombre restreint de jours dans l'année.

La cause de tous les mouvements de l'atmosphère réside dans le soleil : c'est donc le soleil que doivent observer avec soin ceux qui ont la lourde charge d'annoncer les prévisions du temps. Le télégraphe américain les renseigne sur le départ des trombes, et le télégraphe qui longera le futur chemin de fer transsaharien leur indiquera d'une façon certaine la position des courants, et par suite le point probable d'atterrissement de ces trombes (1).

La lune est loin d'avoir sur le temps l'influence que lui prête la crédulité populaire ; elle produit des marées atmosphériques, et, comme elle se déplace en quatorze jours de 5° au nord à 5° au sud de l'écliptique, elle peut agir avec le soleil ou contre le soleil pour hâter ou retarder le déplacement des courants : mais cette influence doit être assez faible. A l'époque où cet astre avait conservé une chaleur propre sensible, il avait sur le temps l'influence qu'on lui prête aujourd'hui.

---

(1) C'est également dans le Sahara que l'actinomètre donnera les résultats les plus certains à cause de la sécheresse de l'air.

III

Nous avons vu que la zône des calmes équatoriaux, qui règle la position de tous les courants à la surface du globe, se trouve dans l'Atlantique, au nord de l'équateur géométrique, en toutes saisons, et que la cause en est due : 1° à la précession des équinoxes ; 2° à l'excentricité de l'orbite terrestre ; 3° à la réunion dans notre hémisphère de la plus grande partie des masses continentales.

Or, d'après le cycle de la précession des équinoxes, qui est de 21,000 ans, chaque hémisphère profite à son tour de l'excès de chaleur dû à la plus longue durée de l'été, et au moindre écart entre les températures des saisons. C'est en l'an 1248 de notre ère que l'hémisphère boréal a été le plus chaud et l'hémisphère austral le moins chaud. Depuis, l'excès de durée de nos étés va constamment en diminuant, les extrêmes de température entre nos étés et nos hivers vont en augmentant ; l'inverse a lieu de l'autre côté de l'équateur. Dans 5,000 ans environ, les deux hémisphères recevront à peu près la même quantité de chaleur, mais l'hémisphère nord sera déjà le plus froid à cause de la prédominance des continents ; à partir de ce moment, il recevra moins de chaleur que l'autre, et 5,000 ans plus tard, il sera le plus froid possible. A ce moment, il sera beaucoup plus froid que ne l'est actuellement l'hémisphère austral qui, malheureusement, ne peut pas nous fournir un point de comparaison, en raison du peu d'étendue qu'y occupent les continents.

Les extrêmes de température et par suite le refroidissement seront considérables dans notre hémisphère. L'équateur météorologique descendra donc beaucoup au sud de sa position actuelle. De ce que nous voyons actuellement au pôle sud, nous pouvons prévoir que la mer Arctique sera entièrement couverte par les glaces, qui ne formeront qu'un seul bloc et s'étendront bien avant dans l'intérieur des continents ; de sorte que le pôle du froid se rapprochera du pôle nord, et par suite l'équateur météorologique descendra encore vers le sud sur le continent africain. Nous n'avons pas la prétention d'indiquer la position où il s'est arrêté il y a 21,000 ans, il faudrait connaître exactement les terrains de ces contrées. Nous pensons ne pas nous éloigner beaucoup de la vérité en supposant, pour fixer les idées, qu'il atteindra le 10me parallèle sud, englobant la plus grande partie du bassin du Congo. Ce fleuve se trouve en effet dans la même situation que les autres fleuves de l'intérieur de l'Afrique qui, contrairement à ce qui a lieu pour les régions tempérées et surtout pour les régions équatoriales de l'Amérique, n'ont pas encore eu le temps de régulariser leur lit composé d'une série de gradins, situation analogue à celle des cours d'eau de la Scandinavie, obstrués par les glaces pendant les périodes glaciaires. D'ailleurs, les hamada se rencontrent jusque dans le bassin du Congo (1).

---

(1) Nous devons cependant avouer que M. Trivier ne croit pas en avoir reconnu sur son itinéraire. Nous le remercions des renseignements qu'il a bien voulu nous donner avec beaucoup d'empressement.

Le déplacement pendant cette période de 21,000 ans de la zône des calmes équatoriaux entraîne un déplacement correspondant de tout le système des courants marins et aériens. C'est en l'année 1248 que le courant saharien a occupé sa position la plus septentrionale. A cette époque le Sahara s'étendait entre les 14me et 33me parallèles. Le cordon de dunes en état de concrétion qu'il a laissé arrive, en effet, jusqu'au 33me parallèle dans la province d'Oran, aux environs de notre station de Naâma, entre Méchéria et Aïn-Sefra. C'est donc en 1248 que le climat de l'Algérie a été le plus sec. Au moment de l'invasion des Barbares au vme siècle, le climat de la Mauritanie différait peu de ce qu'il est de nos jours ; il faut remonter à l'origine de l'occupation romaine pour trouver un climat sensiblement meilleur. Il serait facile de calculer à quelle époque les steppes de l'Egypte se sont transformées en désert ; toutefois cette transformation a été graduelle et a porté sur un grand nombre de siècles. La décadence des Egyptiens, comme d'ailleurs celle des Babyloniens et de bien d'autres peuples de l'Asie, est due principalement aux modifications du climat.

Les périodes glaciaires reconnues en Europe correspondent exactement aux déplacements de l'équateur météorologique. En effet, par suite du refroidissement les neiges tombées dans les régions polaires et sur les montagnes de la zône tempérée actuelle, ne fondant qu'imparfaitement, vont en s'accumulant et forment des glaciers qui descendent au loin dans les vallées. Les courants, en raison des extrêmes de température entre les saisons, sont plus violents, ont une vitesse bien plus considérable ; à la faveur de trombes plus nombreuses, ils pompent de plus fortes quantités d'eau dans les mers, qu'ils déversent sur les continents, soit sous forme de pluie, soit sous forme de neige. Malheureusement nos deux hémisphères ne sont nullement comparables sous ce rapport. On a seulement remarqué que les courants sont plus réguliers dans l'hémisphère sud, ce qui est dû à la prédominance des mers, et plus violents, à cause des extrêmes de température plus considérables entre la zône équatoriale et le pôle sud.

Tous les effets que nous constatons aujourd'hui sont donc, pendant les périodes glaciaires, fortement amplifiés.

Un autre phénomène de la plus haute importance se manifeste pendant ces périodes, ce sont les oscillations du niveau de la mer. Les milliards de milliards de tonnes de glace qui s'accumulent dans les régions polaires modifient les effets de la pesanteur à la surface de la terre ; la mer, soumise à cette puissante attraction, s'élève dans l'hémisphère envahi par les glaces, d'autant plus qu'on s'approche davantage du pôle. Dans les régions équatoriales, ce déplacement est à peu près nul, mais il peut atteindre plusieurs centaines de mètres vers les pôles.

Toutes les côtes portent les traces des anciennes plages laissées par la mer ; mais ces plages sont surtout visibles en Suède où on les rencontre jusqu'à des altitudes de 500 mètres et plus ; elles renferment les coquilles des animaux qui vivent actuellement dans les mers polaires, comme on doit s'y attendre, puisqu'à l'époque où elles se sont déposées, la mer voisine était glaciale.

Les changements de niveau de la mer sont fort difficiles à constater, à moins d'avoir des mesures précises échelonnées sur une période suffisante ; car, en plus de ces mouvements séculaires, la mer éprouve des balancements pour les moindres causes, accumulations annuelles des glaces, pression atmosphérique, action des vents, etc. Dans les mers intérieures, comme la Méditerranée et la Baltique, le niveau dépend aussi de la précipitation annuelle.

Lorsque les savants découvrent les traces d'une plage émergée, ils sont portés à croire que le niveau de la mer s'en éloigne; mais rien ne prouve, à priori, qu'au contraire ce niveau ne s'en rapproche pas. Il en est de même des lacs de l'Asie: les uns s'assèchent, les autres se remplissent, suivant les déplacements du courant polaire; les géologues qui remarquent les anciennes berges affirment que tous ces lacs s'assèchent.

Un savant suédois donne même une preuve curieuse du prétendu abaissement du niveau actuel de la mer sur une des côtes du nord de la Scandinavie. Il a remarqué, en effet, que les forêts situées sur les hauteurs voisines dépérissent, et il conclut que cet effet est dû à l'exhaussement du sol, qui porte peu à peu les forêts à des hauteurs où elles ne peuvent plus vivre. Nous savions que la limite supérieure des forêts est nettement marquée dans chaque pays d'après le climat, si bien que nous nous sommes souvent servi de cette remarque pour évaluer l'altitude des montagnes dans les Pyrénées, mais nous ne nous étions jamais douté qu'il suffisait d'un changement de niveau de un centimètre par an ou un mètre par siècle pour produire des effets si désastreux; nous sommes porté à croire que ce dépérissement est dû au refroidissement général qui, au contraire, abaisse considérablement le niveau des aires végétales, et que ce géologue fait une erreur analogue à celle des savants qui attribuent au déboisement les modifications du climat de l'Algérie.

Actuellement le niveau de la mer monte et les terres s'immergent dans tout l'hémisphère nord ; l'inverse a lieu dans l'hémisphère sud. Ces mouvements sont encore très faibles à cause du voisinage du minimum qui a eu lieu en 1248, mais ils vont s'accentuer.

Certains géologues croient que la mer est sensiblement fixe et qu'au contraire les continents, par suite du refroidissement du noyau central sur lequel ils reposent, sont continuellement en mouvement ; mais dès l'instant qu'on admet que l'écorce terrestre est assez épaisse pour empêcher tout passage de la chaleur interne, il faut admettre aussi que les mouvements du sol sont nuls ou tellement faibles qu'ils sont imperceptibles. Actuellement, l'enveloppe solide n'est plus agitée que par les tremblements de terre, qui ont leur point de départ à une faible profondeur, et qui rarement dépassent les limites de l'élasticité des terrains au point d'y laisser des traces durables.

D'ailleurs, si les continents subissaient des mouvements comparables à ceux qu'on croit avoir constatés sur les rivages, il en résulterait dans le cours des fleuves des perturbations appréciables sur un petit nombre de siècles.

La planète Mars se trouve dans des conditions générales comparables aux nôtres ; l'excentricité de son orbite est actuellement plus considérable que celle de la Terre ; les variations de niveau des mers doivent y être également plus rapides. C'est là sans doute la cause des modifications que les astronomes constatent dans les contours de ses continents (1).

---

(1) Le télescope permet également de reconnaître les alizés de cette planète ; le système des courants y est comparable à celui de la Terre, lors des plus anciennes périodes glaciaires ; toutefois, en raison de la prédominance des continents, les déserts doivent y recouvrir de grandes surfaces d'un aspect jaunâtre.

Par suite du refroidissement progressif de notre hémisphère, l'Oued Draâ, l'Igarghar et tous les fleuves aujourd'hui desséchés du nord de l'Afrique, vont reprendre leur cours. La mer intérieure va se remplir et déverser le trop plein de ses eaux dans la Méditerranée. Les affluents de gauche du Niger rouleront de l'eau en abondance; ceux de droite, qui alimentent le fleuve actuel, tariront. Le Congo ne présentera plus qu'un lit desséché comme l'Igarghar aujourd'hui. Enfin, le régime du Nil sera bien différent de celui de nos jours (1).

Tous ces fleuves vont reprendre le travail de régularisation de leurs lits, bien en retard sur celui des fleuves des autres contrées équatoriales, à cause des interruptions périodiques qu'il subit.

Les glaces vont envahir la Scandinavie et la Russie septentrionale. Les glaciers de l'Europe centrale vont reprendre leur ancienne marche, jalonnée par des moraines et des blocs erratiques ; la zône tempérée se trouvera dans l'Afrique septentrionale. Les villes du nord seront ensevelies sous les glaces, mais les villes de Thèbes et de Babylone redeviendront florissantes.

Les peuples de l'Europe occidentale reprendront le chemin de l'Afrique, d'où ils sont venus, et ceux de l'Europe orientale le chemin de l'Asie, patrie de leurs ancêtres. Le renne, cet animal des régions polaires, descendra du nord, amené par les frimas, et servira de compagnon à l'homme, comme jadis dans les plaines de l'Europe centrale. L'éléphant, qui a également habité l'Europe, mais à d'autres époques que le renne, ne pourra plus reprendre

---

(1) Quelques savants affirment que le régime du Nil a été autrefois bien différent ; voilà qui leur donne raison.

le chemin du midi : il a été détruit complètement, de la main de l'homme. On ne le rencontre plus que de l'autre côté de la longue bande de déserts qui partage en deux parties l'ancien monde, et que l'éléphant ne peut traverser.

Enfin, la mer va envahir de nouveau les continents et va remonter jusqu'aux plages qu'elle a laissées autrefois.

Déjà le mouvement est commencé : les glaces envahissent le Grœnland ; il y avait à peine quelques siècles qu'elles l'avaient quitté ; les Hollandais en avaient profité pour y établir des colonies qui ont été florissantes ; aujourd'hui elles ont disparu sous les glaces. Les forêts dépérissent dans le nord de la Scandinavie ; le pommier tend à disparaître de l'Angleterre ; la vigne a disparu de la Normandie ; les glaciers de la Suisse descendent plus bas qu'au siècle dernier ; le climat de l'Algérie se modifie, et le Sahara recule vers l'équateur.

N'est-ce pas un secret dessein de la Providence qui dirige les Russes vers l'Asie, berceau de leurs ancêtres, et les Français vers l'Afrique, d'où leur est venue autrefois la civilisation ? On pourrait presque dire également que le mouvement de migration des peuples est commencé.

IV

Nous avons vu que la principale cause de ces modifications climatériques réside dans l'excentricité de l'orbite terrestre. Or, cette excentricité varie dans un cycle de 120,000 ans : elle a été jadis près de trois fois plus forte que de nos jours ; c'est dans 20,000 ans qu'elle sera la plus faible (1). Il en résulte qu'à chaque retour de la période précessionnelle de 21,000 ans, les conditions climatériques ayant varié dans l'intervalle, le Sahara ne revient plus à ses anciens cordons littoraux ; les glaciers ne descendent plus jusqu'à leurs anciennes moraines, le renne ne pénètre plus aussi loin dans la direction du sud, et la mer n'atteint plus ses anciennes plages.

Le Sahara, en l'année 1248, est venu dans le Sud-Oranais jusqu'au 33me parallèle environ, ainsi qu'en témoignent les dunes dont la concrétion se poursuit sous nos yeux. Mais on trouve des hamada, c'est-à-dire des dunes sahariennes concrétées en deçà de ce cordon littoral. Les Hauts-Plateaux en sont entièrement formés ; les hamada descendent dans la vallée de l'Oued Saïda et s'étalent dans la plaine de l'Eghris. Nous devons nous attendre à en rencontrer en Espagne et même en France ;

---

(1) Camille Flammarion. *Astronomie populaire*.

le loess est un terrain qui présente beaucoup d'analogie avec nos hamada. A-t-il été déposé à une époque où, l'excentricité de l'orbite terrestre étant beaucoup plus considérable, le courant polaire s'étendait jusque sur la Russie et l'Europe centrale? Si l'on admet que les glaciers ont pénétré jusque dans les régions équatoriales, il faut admettre également que la zône tropicale a dû s'étendre jusqu'en Europe.

Nos recherches ne nous ont pas permis de reconnaître le nombre d'étages de hamada indiquant en Algérie le nombre d'étapes différentes du Sahara, mais, dans tous les cas, il y en a au moins deux.

De même dans les Pyrénées, au plateau de Lannemezan, on constate deux périodes glaciaires distinctes, c'est la plus ancienne qui a poussé ses moraines le plus loin. Il y a eu également en France deux âges du renne ; dans le premier, cet animal, contemporain de l'homme, est descendu plus au sud que dans le dernier, jusque vers le 45° degré de latitude ; on retrouve ses ossements à côté de ceux de l'homme, dans les cavernes où se réfugiaient nos ancêtres pour se garantir du froid pendant les périodes glaciaires, vivant en plein air pendant les périodes humides et chaudes.

Enfin, on retrouve également en Suède un grand nombre de plages soulevées à des altitudes variant de 200 à 500 mètres, dont chacune correspond à une période précessionnelle distincte.

De tout ce qui précède on peut affirmer que l'homme, contemporain du renne, est sur la Terre depuis plus de 40,000 ans ; son apparition remonte certainement à des centaines de mille ans ; mais nous nous contentons pour le moment de constater sa présence, d'une façon qui nous paraît indiscutable, à une époque qui correspond à deux périodes précessionnelles.

Il est à remarquer que la précession des équinoxes n'intervient guère dans tout ce qui précède que comme compteur ; c'est le sablier qu'on retourne et qui marque les heures de la vie terrestre.

V

Dans les premiers âges de notre planète, alors que l'écorce terrestre était moins épaisse, la chaleur interne se faisait sentir à la surface, conjointement avec celle du soleil. D'un autre côté, cet astre, le seul du système solaire qui n'ait pas encore achevé sa concentration (1), avait un diamètre bien plus considérable, et répandait sa chaleur et sa lumière plus également du pôle à l'équateur.

Les conditions de la vie animale étaient tout autres que celles de nos jours, et le mode de formation des terrains différait essentiellement de celui d'aujourd'hui.

Depuis que le diamètre du soleil est considérablement réduit, et que la chaleur interne est devenue négligeable, les courants marins et aériens ont pris naissance par suite de l'inégale distribution de la chaleur solaire à la surface du globe. La formation des terrains s'en est ressentie ; depuis cette époque, il s'est formé principalement des roches analogues à celles qui se forment sous nos yeux : alluvions aériennes, alluvions fluviales et marines, allu-

---

(1) Peut-être en est-il de même de Jupiter ; dans tous les cas, de ce que les courants et lignes de cyclones sont dirigés dans cette planète, comme à la surface du soleil, parallèlement à l'équateur géométrique, on peut induire qu'elle vit encore uniquement de sa chaleur interne, comme la Terre jusqu'à l'époque où la chaleur solaire est devenue prépondérante.

vions glaciaires. La transition a eu lieu insensiblement, l'action du feu central n'est même pas encore complètement terminée, et il serait impossible de préciser exactement l'époque où a commencé cette nouvelle phase de l'évolution terrestre. On peut toutefois la faire remonter à l'époque du dernier soulèvement qui a fait prendre à la calotte terrestre son assiette définitive, du moins pour longtemps.

Depuis, les courants règnent en maîtres à la surface de la terre ; ils sont les émissaires du soleil chargés de distribuer partout la vie et le mouvement.

L'histoire des courants, c'est l'histoire de notre planète depuis le milieu de la période tertiaire.

NOTE DE L'AUTEUR

Pour déterminer la marche des courants, nous avons consulté le Traité de Météorologie de Kaëmtz, que nous possédons depuis longtemps, la Météorologie Nautique de Ploix, l'Astronomie Populaire de Camille Flammarion (Description générale du Ciel), et les Considérations Générales sur l'océan Atlantique de Philippe de Kerhallet, livres que des amis obligeants nous ont prêté. Nous n'avons pas eu de peine à remarquer que le courant polaire, qui inscrit lui-même son chemin à travers les continents asiatique et africain, forme le courant de retour des masses aériennes qui passent sur l'Europe et la Sibérie, et sur le sort desquelles M. Kaëmtz manifeste quelque inquiétude ; la base de notre système repose sur cette observation. L'idée de rattacher le mouvement d'oscillation du niveau des mers à notre théorie, nous est venue à la suite d'un entretien avec M. Stoecklin, inspecteur général des Ponts et Chaussées, qui a bien voulu écouter avec bienveillance l'exposé de nos idées.

Ce que nous avons trouvé, sans le secours d'autres éléments que ceux que chacun possède depuis longtemps, d'autres ont pu le trouver avant nous. Nous n'avons pas la prétention d'enlever à personne le mérite ni la priorité des idées qu'il a pu émettre.

Déjà, pendant que cette petite brochure était sous presse, nous avons reconnu que la marche des cyclones, qui, d'après nous, suivent tout bonnement le fil de l'air comme les tourbillons nés dans les rivières suivent le fil de l'eau, a été décrite depuis quinze ans par un savant astronome, M. Faye, qui a toutes les peines du monde, malgré sa grande autorité, à faire adopter par les météorologistes de profession des idées aussi justes et aussi simples. Il faut croire que les idées les plus simples sont souvent les meilleures, puisque les théories les plus compliquées au début finissent toujours, en se perfectionnant, par se simplifier.

Il doit être bien entendu que les chiffres donnés par nous sur la largeur des différents courants et leur déplacement, ne sont que des moyennes; ils varient avec la chaleur solaire. Nous avons d'ailleurs eu en notre possession si peu d'éléments pour déterminer ces chiffres, que nous ne saurions en garantir l'absolue exactitude, mais ils s'éloignent bien peu de la vérité. Comptant contrôler nos observations avec les renseignements fournis par les derniers travaux en météorologie, nous nous sommes fait adresser par M. Gauthier-Villars, l'annuaire de Montsouris; mais ce petit livre, très-intéressant d'ailleurs, ne traite pas de météorologie générale. Nous venons de recevoir le livre *Sur les Tempêtes*, de M. Faye, qui nous a fait constater, avec infiniment de plaisir et de satisfaction, que nous nous trouvons d'accord avec cet illustre savant, sur la théorie des cyclones.

Arzew, le 14 mai 1890.

www.ingramcontent.com/pod-product-compliance
Lightning Source LLC
LaVergne TN
LVHW051459090426
835512LV00010B/2234